FUTURE

FUTURE

FUTURE

FUTURE

塔羅事典

塔羅牌使用說明書，
翻一張牌爲自己找到問題出口！

Tarot Instruction Manual

用塔羅牌了解自己，卸下武裝，更眞實坦率的面對人生吧！

著
—
孟小靖

推薦序

一起塔羅吧！

「孟小靖是我見過研究認真，深感其學識、經驗豐厚的塔羅作者。此書絕對是一本值得收藏，並提供你反覆閱讀、思量、通透每一張塔羅牌內涵的經典說明書。」

—— 中國文化大學身心靈課程規畫師 **子玄**

「孟小靖不只狂愛塔羅牌，更對每副牌的由來和創作背景如數家珍，每次聽他講牌，都能拓展見聞，並心有戚戚，他的思路竟然跟我有點相像，相信他的詮釋一定可以讓大家都看得懂。」

—— 星座塔羅暢銷作家 **天空為限**

「孟小靖老師談吐幽默，文字內容直指人心，不論對初學者或專業研究者都有所啟發。」

—— 塔羅教父 **丹尼爾**

「苦於摸不透、學不懂塔羅嗎？這將是你學習中不可或缺的首選工具書。孟小靖是收藏牌最多的占卜藝術家，也是知識淵博的塔羅占卜權威。相信我，你必須擁有這本書。」

—— 星星教授 **安格斯**

塔羅牌，我的摯友與益友

　　你會翻開《塔羅事典》，想必是曾經體驗過塔羅牌的神準，或是對塔羅牌產生興趣，但⋯⋯或許也不盡是如此。其實，你很可能是受到內在潛意識的引導，因為你正經歷一些人生關卡，想要獲得一些啟示，想搞懂為什麼會這樣，想知道到底未來要怎麼做才好。是的，塔羅牌就是一個能整理出你內心交纏煩惱的好工具。

　　塔羅牌已經是我的人生老友了。一種簡單的紙牌遊戲，卻能告訴我們過去、現在與未來，進而給我們正面的能量與訊息！十八年前，在我初接觸塔羅牌時，它還沒有正式的名字，大家都稱其為吉普賽占卜，或是紙牌占卜，但無論名稱是什麼，塔羅的神祕力量可是在那時候就已經被肯定了呢！

　　有掌中藝術品之稱的塔羅牌，在不同的畫面中隱藏了不同的圖像，而圖像中蘊藏的各種訊息則提供了我們不同的人生建議。許多的藝術家與創作者，以不同的文化和元素，讓塔羅牌變得豐富而生活化。於我而言，我不喜歡塔羅有著太誇張的神祕氛圍，反而希望塔羅是貼近生活的，是人人都能輕鬆上手的人生好夥伴。自一九九九年以來，收藏了九百副以上世界各國塔羅牌的我，最常被大家問到的問題是：能自己學塔羅牌嗎？於是，《塔羅事典》誕生了！為的就是要讓塔羅進入你的生活，就跟所有的使用說明書一樣，讓你清楚了解、輕鬆上手，挑一副自己喜歡的塔羅牌，就能卜算。如此一來，你也可以透過塔羅牌的建議，面對自我盲點，及時掌握人生關鍵點！

　　人是一種十分奇妙的生物，在我解讀超過上萬問題的經驗中，得到了一個結論：大家都是來尋找認同的。大部分的人在生活中遭遇問題的時候，其實

內心都已經有了答案，但是因為沒有信心做決定，於是就透過塔羅牌的訊息來肯定自己心中的想法。在解讀塔羅牌的過程中，我們便能夠發現自己潛意識裡的想法，或是自己看不到的缺點。為什麼大家會說塔羅牌準？我想就是因為如此。自己看不清的弱點，卻被一張張的牌卡清楚的敘述出來，任誰都會嚇一跳吧！

　　臺灣的流行文化，通常來得快，去得也快，最近有好多人都說他們也要學塔羅、也要玩塔羅。對我來說，這是個好現象，自己很喜歡塔羅，當然希望越來越多人喜歡，一起認同塔羅這位精神導師！但另一方面也感到憂心：究竟有多少人是真的對塔羅有興趣？抑或只是三分鐘熱度？在學習塔羅牌的過程中，甚至有許多的問卜者會問，是不是要有什麼靈力之類的人才可以學？

　　不是的，因為「靈力」真的是太虛幻了，我絕對不會斷言到底有沒有靈力這回事。但我知道的是，在塔羅牌的領域中，如果肯努力、肯付出、肯學習，把塔羅當作一門學問來鑽研學習，你一定也可以成為一位塔羅牌解讀好手。不過，最重要的還是別期待塔羅牌可以給你答案！因為塔羅能給你的是一個方向、一個建議。最後還是要由你自己來決定你自己的命運與人生。

　　一起加油囉！所有喜歡塔羅牌的朋友。

孟小靖

目錄

推薦序　一起塔羅吧！　*3*

自序　塔羅牌，我的摯友與益友　4

Chapter

1

占卜前一定要做的事　　　　　13

只要搞懂塔羅牌的架構與概念，每副牌都能輕鬆上手，而「工欲善其事，必先利其器」，在進入真正的占卜之前，請先跟著我一起做好準備吧！

第一件事：拿到牌，先清點張數　　　　14

第二件事：欣賞牌面構圖　　　　　　　19

第三件事：決定占卜程序　　　　　　　21

第四件事：發揮無限想像力　　　　　　21

★孟小靖的塔羅博物館──新手入門1　　22

Chapter

2

知識力：搞懂塔羅牌是什麼   23

為什麼塔羅牌這麼神準？而塔羅牌又是從何而來？讓我們從
心理學、神祕學和歷史文化中一探究竟，揭開塔羅牌的神祕
面紗。

塔羅牌的歷史由來   24

心理學與塔羅牌   26

占星學與塔羅牌   27

塔羅牌的禁忌   30

★孟小靖的塔羅博物館——新手入門 2   32

Chapter

3

統整力：教你如何問對問題   33

塔羅牌的訊息可以幫助我們抽絲剝繭、釐清方向，但若毫無
頭緒亂問一通，任誰都幫不上你的忙。所以，問對問題絕對
是關鍵！

STEP 1：決定大方向   34

STEP 2：縮小問題範圍，思考未來走向   35

STEP 3：避免預設立場和個人情緒   36

★孟小靖的塔羅博物館——基礎延伸   37

Chapter
4

邏輯力：五大牌陣輕鬆上手　39

當你拿到一副塔羅牌，一定很想馬上占卜一下吧？這個單元要帶你認識五大塔羅牌占卜牌陣，讓你輕鬆搞懂塔羅牌的建議！

是非題牌陣（單張占卜法）　41

聖三角牌陣（時間之流占卜法）　42

選擇題牌陣（二擇一占卜法）　44

六芒星牌陣（關係占卜法）　46

賽爾特十字牌陣（全面分析占卜法）　48

★孟小靖的塔羅博物館——文化巡禮　51

Chapter
5

創造力：帶你經歷感受過程　53

終於，要開始實際的洗牌、切牌、算牌了。請深呼吸，確認自己現在的心情是平靜的，並抱持開放的心去感受吧！

STEP 1：靜心　54

STEP 2：洗牌　55

STEP 3：切牌　56

STEP 4：抽牌或數牌　57

★孟小靖的塔羅博物館——藝術創作　58

Chapter

6

理解力：如何解牌有一套　　　　　　61

苦於解不出牌義，大概是學習塔羅牌最大的罩門了。其實只
要掌握解牌訣竅，再加上悉心觀察，心頭湧上來的訊息，就
是答案了！

讓塔羅指數幫你破題──牌義快速查詢法　　62

活用關鍵字延伸　　　　　　　　　　　　　63

解讀圖像元素的祕密　　　　　　　　　　　65

逆位牌（倒牌）的運用　　　　　　　　　　67

哪裡不一樣？教你找出核心牌　　　　　　　69

★孟小靖的塔羅博物館──自然動物　　　　73

找答案：了解塔羅說什麼　　　75

塔羅牌裡的符號元素濃縮了生命的點點滴滴，提醒著我們忽略的訊息。現在就讓我們從一個關鍵字開始，破解塔羅牌的點、線、面，讓你快速輕鬆了解塔羅牌的意涵。

體驗人生，大阿爾克納愚者之旅　　　76

0・愚者　　　80

I・魔術師　　　83

II・女教皇　　　86

III・女帝　　　89

IV・皇帝　　　92

V・教皇　　　95

VI・戀人　　　98

VII・戰車　　　101

VIII・力量　　　104

IX・隱者　　　107

X・命運之輪　　　110

XI・正義　　　113

XII・吊人　　　116

XIII・死神　　　119

XIV・節制　　　122

XV・惡魔   125

XVI・高塔   128

XVII・星星   131

XVIII・月亮   134

XIX・太陽   137

XX・審判   140

XXI・世界   143

★孟小靖的塔羅博物館──繪本動漫   146

豐富人生，小阿爾克納元素故事   148

行動之火──權杖牌組   153
★孟小靖的塔羅博物館──科技數位   182

情感之水──聖杯牌組   185
★孟小靖的塔羅博物館──神祕學說   214

交流之風──寶劍牌組   217
★孟小靖的塔羅博物館──奇幻次元   246

務實之土──錢幣牌組   249
★孟小靖的塔羅博物館──暗黑風格   278

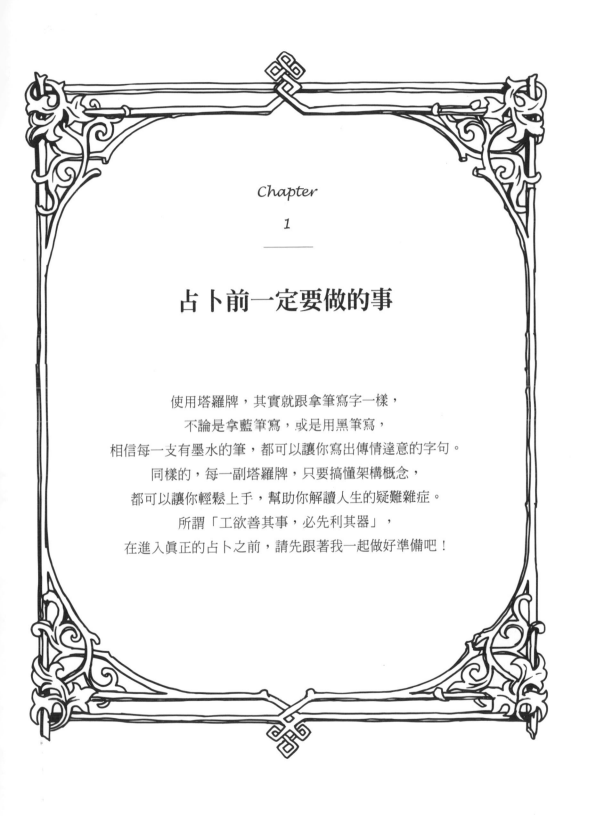

Chapter

1

———

占卜前一定要做的事

使用塔羅牌，其實就跟拿筆寫字一樣，

不論是拿藍筆寫，或是用黑筆寫，

相信每一支有墨水的筆，都可以讓你寫出傳情達意的字句。

同樣的，每一副塔羅牌，只要搞懂架構概念，

都可以讓你輕鬆上手，幫助你解讀人生的疑難雜症。

所謂「工欲善其事，必先利其器」，

在進入真正的占卜之前，請先跟著我一起做好準備吧！

在學習塔羅牌的過程中，我發現許多人都有一個通病，包括我自己初學時也一樣：當拿到一副自己喜歡的塔羅牌，以及一本自己覺得易讀的塔羅教學書後，就想馬上算算看，試試能不能解讀出自己的問題。通常的流程就是先翻到如何占卜或開始占卜的單元，再設想一個問題，照著上面的步驟算一次，可能翻出了幾張牌，然後才回頭去找出這些牌的解釋。如果運氣好，可能看到能夠理解的解釋；但如果運氣不好，就會翻出一些看不懂的詞句組合，因為那時的你根本還不了解塔羅牌，無法將這些詞語與自己的問題做連結，就覺得塔羅牌好難喔！最後，可憐的塔羅牌與教學書就被慢慢遺忘在書櫃或抽屜的角落裡，沾染了厚厚的灰塵。別再讓塔羅牌這麼可憐了！當你拿到一副塔羅牌，一定要先做四件事，接下來就請你跟我這樣做：

第一件事

拿到牌，先清點張數

塔羅牌畢竟是紙本的東西，在印刷的過程中，難免會有漏牌或牌卡重覆的可能，儘管這樣的機率很小，但在接觸這麼多副塔羅牌的經驗中，也曾經遇到過幾次。事先檢查妥當，總比使用到一半才發現有短缺，再來懊惱或出糗來得好。早點做好檢查，如果有缺牌或重覆，可以快快跟購買的店家做更換。

另一方面，現在市面上有太多名為塔羅牌（Tarot）的紙牌，卻不真的是塔羅的架構，透過清點張數的過程，便可以確認自己手中的牌卡是不是塔羅牌，抑或是其他的占卜預言卡。唯有符合塔羅牌架構的牌，才是真的塔羅！

不過，清點張數可不是傻傻的數過七十八張牌就好，而是要仔細核對是不是有二十二張不同角色的大牌（通常用希臘數字呈現，例如 III、XII……），而小牌也要確認是不是有四組元素，分別是權杖（火）、聖杯（水）、寶劍（風）及錢幣（土），各十四張（有 1 ～ 10 的數字牌，以及四個角色：國王、王后、騎士及隨從的宮廷牌），如果都沒問題了，就可以進行到下一步囉！

❧ 傳統塔羅牌架構七十八張圖像一覽 ❧

1. 二十二張大阿爾克納 Major Arcana（俗稱大牌）

　　大阿爾克納是屬於比較精神性、抽象性的牌，人物角色的身分清楚鮮明，在塔羅牌中有樞紐地位，能釐清狀態與環境。有許多塔羅占卜師會單純使用二十二張大牌進行占卜。

o 愚者	I 魔術師	II 女教皇	III 女帝	IV 皇帝	V 教皇
VI 戀人	VII 戰車	VIII 力量	IX 隱者	X 命運之輪	XI 正義
XII 吊人	XIII 死神	XIV 節制	XV 惡魔	XVI 高塔	XVII 星星
XVIII 月亮	XIX 太陽	XX 審判	XXI 世界		

2. 五十六張小阿爾克納 Minor Arcana（俗稱小牌）

小牌由四十張的數字牌及十六張的宮廷牌組成，在占卜過程中代表較具體的事件或狀況，讓我們了解情緒與行動。

小阿爾克納五十六張數字牌

權杖 ♣ 火（行動）

元素轉化象徵
果實、火炬、棍棒、花樹

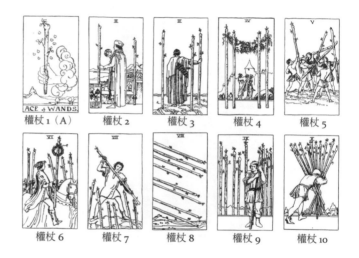

聖杯 ♥ 水（感性）

元素轉化象徵
愛心、瓶、壺、水盆、魚

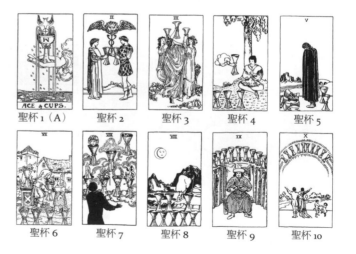

寶劍 ♠ 風（溝通）

元素轉化象徵
葉子、矛、刀、鳥、蝴蝶

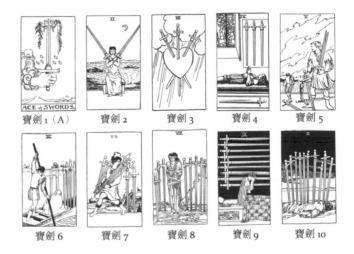

寶劍1（A）　寶劍2　寶劍3　寶劍4　寶劍5

寶劍6　寶劍7　寶劍8　寶劍9　寶劍10

錢幣 ♦ 土（務實）

元素轉化象徵
鈴鐺、五芒星、盤、石頭

錢幣1（A）　錢幣2　錢幣3　錢幣4　錢幣5

錢幣6　錢幣7　錢幣8　錢幣9　錢幣10

權杖 ♣ 火（行動）

元素轉化象徵
果實、火炬、棍棒、花樹

權杖國王（父親） 權杖王后（母親） 權杖騎士（王子） 權杖隨從（公主）

聖杯 ♥ 水（感性）

元素轉化象徵
愛心、瓶、壺、水盆、魚

聖杯國王（父親） 聖杯王后（母親） 聖杯騎士（王子） 聖杯隨從（公主）

寶劍 ♠ 風（溝通）

元素轉化象徵
葉子、矛、刀、鳥、蝴蝶

寶劍國王（父親） 寶劍王后（母親） 寶劍騎士（王子） 寶劍隨從（公主）

錢幣 ♦ 土（務實）

元素轉化象徵
鈴鐺、五芒星、盤、石頭

錢幣國王（父親） 錢幣王后（母親） 錢幣騎士（王子） 錢幣隨從（公主）

仔細一看，小牌是不是和撲克牌有幾分相似呢？是的，塔羅牌經過歷史的功能演變後，衍生出了另一種娛樂休閒工具——撲克牌。四大元素轉變爲四種花色，而宮廷牌的部分，將騎士與隨從合併爲 J，加上國王 K 和皇后 Q，從五十六張變成五十二張，也就是說，在現實世界接觸過撲克牌的你我，早就讓塔羅牌進入了我們的生活之中！

第二件事
欣賞牌面構圖

　　每一副塔羅牌都是一副藝術品，非常值得我們花點時間去欣賞。欣賞牌面的過程也是讓我們快速進入塔羅世界的一個方式，去看看每一張牌裡面有沒有什麼地方是特別吸引你的，還有人物的表情，以及其與背景的互動，又帶給你什麼特別的感受。而且有趣的是，每個人所體悟到的牌中含意可能不盡相同喔！

Tips

什麼是特別卡？

★不是所有的牌卡都是塔羅牌，必須符合七十八張塔羅牌架構。

★除了七十八張塔羅牌架構外，部分牌卡會添加空白牌、師父牌（占卜師牌），或是特別創作（例如兩張戀人牌），這通常是為了配合印刷技術上需為四的倍數，而設計出來的，作者都會在說明書中簡單介紹特別卡的使用方式，大家可以自由選用，這方面沒有什麼硬性規定。

三大塔羅系統
簡易分辨法

塔羅牌有三大系統,其分辨方法如下表所列,而現代塔羅牌也已出現結合不同系列的「融合系統」。了解塔羅牌系統,可以作為選用塔羅牌時的一個參考。不管選用哪一系列的牌,最重要的還是有沒有符合七十八張的塔羅牌架構,額外添加的牌卡則不在此限。

名稱	特點	大牌編號差異
萊德偉特塔羅牌系列 （Rider Waite Tarot）	數字小牌中有明顯的元素符號與圖案,人物背景鮮明易懂。	「力量」編號 8 「正義」編號 11
馬賽塔羅牌系列 （le Tarot de Marseille）	數字小牌無圖案,同撲克牌方式呈現,可配合生命靈數運用。	「力量」編號 11 「正義」編號 8
克勞利托特塔羅牌系列 （Crowley Thoth Tarot）	數字小牌中強調幾何圖形排列、重色彩,無人物角色出現。	「力量」編號 11 「正義」編號 8

馬賽塔羅牌系列
le Tarot de Marseille

萊德偉特塔羅牌系列
Rider Waite Tarot

克勞利托特塔羅牌系列
Crowley Thoth Tarot

第三件事
決定占卜程序

　　做完前面兩件事，就可以進展到實際的使用步驟了。其實占卜的手法沒有一定的規範，畢竟塔羅牌已經流傳了這麼久，到底哪一種占卜程序是對的，並沒有一定的說法，但無論你使用的是哪一種占卜程序，要不要給別人抽牌，還是讓別人洗牌，其實都是 OK 的。最重要的是，自己要選定一種方式，千萬不要看一種換一種，這樣只會擾亂自己喔！

第四件事
發揮無限想像力

　　當牌抽出來的時候，你如果非得翻書找答案，請只看牌的簡單關鍵語解釋就好，因為此刻最重要的不是對答案，而是要先發揮自己的想像力，去想想：為什麼會抽到這張牌？牌中人物在畫面中有著什麼樣的情緒？當你想通這些，你就能知道塔羅牌要告訴你的訊息是什麼，指出的方向是什麼。自己想過一遍之後再翻書，印象也會比較深刻。

萊德偉特塔羅牌
Rider-Waite Tarot

作者：A E Waite & Pamela Colman-Smith

發行：U.S. Games

本副牌是翻印自傳統的偉特塔羅牌，是歷史悠久的作品，用最簡單的角度來看塔羅牌，去除掉覆蓋在塔羅牌上的種種外掛意涵，只留意古人留下來的智慧，以及隱藏在牌裡的故事。讓這些元素為我們指引出屬於自己的人生道路！

通用偉特塔羅牌
Universal Waite Tarot

作者：Pamela Colman-Smith & Mary Hanson-Roberts

發行：U.S. Games

經過重新上色的通用偉特塔羅牌，是一套漂亮且更吸引人的柔和藝術品，能讓我們更清晰通透的理解牌義！面對生活中難解的問題時，引導我們沿著塔羅睿智的路徑前進，是大家最常用的塔羅牌之一。

粉彩偉特塔羅牌
Radiant Rider-Waite Tarot

作者：Pamela Colman-Smith & Virginijus Poshkus

發行：U.S. Games

顏色飽和，燦爛明亮，讓人感覺溫暖！有著乾淨白色的邊框，數字與英文的標示已重新定位，若仔細觀察，你將看到牌中有些部分被重新繪製，像是惡魔、戀人牌呈現出來的人物沒有特別的性別象徵，還有其他修飾過的細節，都等著你我去發掘！

新偉特塔羅牌
Universal Tarot

作者：Roberto de Angelis

發行：Lo Scarabeo

有著歐洲版偉特之稱的新偉特塔羅牌，是義大利聖甲蟲公司重新繪製的偉特塔羅作品。這副牌以偉特塔羅牌為基礎，透過強烈的線條與人物表情來表現想要傳達的感覺，而且其重新詮釋後的畫面更精緻、逼真，並融入了現代風格。

史密斯偉特百年塔羅牌
The Smith-Waite Centennial Tarot

作者：Pamela Colman-Smith

發行：U.S. Games

擁有古典配色和優雅風格的這副塔羅牌，是由藝術家帕梅拉‧科爾曼‧史密斯小姐在亞瑟‧愛德華偉特的指導下，進行了一系列的寓言畫作來表現七十八張塔羅牌。透過她的描繪，體現出神祕主義，讓牌呈現了想像深厚的情感。

請掃描 QR code 欣賞各式塔羅牌

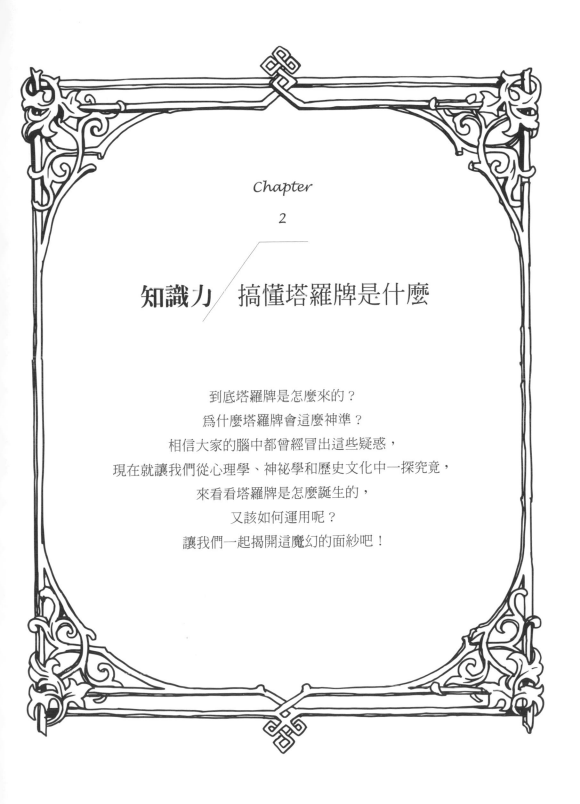

Chapter

2

知識力／搞懂塔羅牌是什麼

到底塔羅牌是怎麼來的？

為什麼塔羅牌會這麼神準？

相信大家的腦中都曾經冒出這些疑惑，

現在就讓我們從心理學、神祕學和歷史文化中一探究竟，

來看看塔羅牌是怎麼誕生的，

又該如何運用呢？

讓我們一起揭開這魔幻的面紗吧！

在進行塔羅牌占卜的過程中，會進入一個「感受」的資料庫，也有人稱之為「情緒圖書館」。在這裡面，我們可以捉取生活中所經驗的點點滴滴，用以輔助解讀塔羅牌中的訊息，但如果我們年紀尚輕或還沒有相關的歷練時，就得靠各方面的知識來輔助了。因此，無論是了解塔羅的文化和背景，或是研讀心理學和占星學，都能協助我們解讀塔羅訊息，找出問題真實的解答。

剛開始接觸塔羅牌的時候，我只能從英文的塔羅書籍來學習塔羅牌，後來臺灣漸漸出現了一些翻譯自日文的塔羅書，讓我能更快速、更深入、更精準的認識塔羅牌，進而能將問題的各個面向解讀得更加精細完整。

所謂「知識就是力量」，能夠掌握越多牌卡中的意涵、圖像、元素，以及歷史故事，就能從不同觀點及面向來思考，而每一種知識都能幫助你觀察牌卡中的細節，讓塔羅牌中的角色及人物更加鮮明立體，挖掘更深層的意涵，進而能更理解問題，並對問卜者的心情感同身受，方能做出更適切的建議。

塔羅牌的歷史由來

關於塔羅牌的來源，可說是眾說紛紜。有人相信來自古埃及，代表著「王道」。另有一說則是從《托特之書》（*The Book of Thoth*）演變而來，托特神為埃及月神，掌管智慧與知識。還有一說，是源自義大利河流「Taro」的名字，相傳在名為塔羅的村落發現了紙牌。而希伯來文二十二個字母與塔羅牌的大牌張數相同，又與卡巴拉教義中的「生命之樹」（Life of Tree）中二十二條路徑相對應，讓不少人也相信塔羅發源於此。

除了西方的起源說外，還有源於中國或印度的說法。在中國，能和塔羅牌搭上邊的是唐朝的一種紙牌遊戲，叫做「葉子戲」，葉子牌上畫了各種不同人物的圖案，而且隨著時代演進，製作益發精美，在明朝時更出現了一種每副四十張、分為四門花色的牌。而若是起於印度，則是跟印度教神話中的卡利女神（Ardhanari）有關，這位女神的形象有四隻手，每隻手中分別持有魔

杖、杯子、寶劍和圓環（代表錢幣），並且「以水創造血脈，以火創造元氣，以土創造肉身，以風創造呼吸」。

至於有較明確記載的塔羅牌發展史，是起於十四世紀的歐洲，當時正值文藝復興的萌發期，義大利出現了一種叫做「Tarocci」的圖卡紙牌，而「Tarocci」一詞傳入法國之後，就轉變成了目前眾所皆知的「Tarot」。爾後，透過飄泊而充滿神祕色彩的吉普賽人，在歐美各地及亞洲地區將塔羅牌傳播開來。

近代對推廣塔羅牌有著重要影響的黃金黎明協會（Hermetic Order of the Golden Dawn），在一八八八年於倫敦成立，總共推出了三副塔羅牌，分別為結合卡巴拉概念的「黃金黎明塔羅牌」（Golden Dawn Tarot）、簡單圖像化的「萊德偉特塔羅牌」（Rider-Waite Tarot），以及充滿神祕學知識的「克勞利托特塔羅牌」（Aleister Crowley Thoth Tarot），將塔羅牌推向另一個階段的高峰。

不論塔羅牌的眞實身世如何，前人的知識與文化以一種特別的形式被保留了下來，而且有越來越多的藝術家投入塔羅牌創作的行列，使得塔羅牌在占卜之外，還成爲大家競相收藏的藝術品。

黃金黎明塔羅牌

萊德偉特塔羅牌

克勞利托特塔羅牌

心理學與塔羅牌

　　關於塔羅牌的準確度問題，可以從心理學的層面來尋找答案，而其中最能為塔羅牌準確度做出說明的，當屬佛洛依德（Sigmund Freud）所提出的「冰山理論」（Id, Ego, Super-ego），以及榮格（Carl Jung）的「共時性原理」（Synchronicity）。換句話說，透過塔羅牌卡的呈現，能讓我們了解到自我潛意識的作用喔！

❀ 冰山理論 ❀

　　「冰山理論」是佛洛依德針對人格結構與心智組織提出的一套理論。根據他的假設，將意識劃分為「意識」（Id）、「前意識」（Ego）和「潛意識」（Super-ego）三個層次。如果以冰山為例，意識層是指海面上可見的冰山；前意識層則相當於漲潮與退潮之間的冰山；潛意識層則是位於海底深不可測的深層之處，占據整體人格最大的比例。

　　越下層的冰山往往越難察覺，反映在「人」的身上也是如此。而這三個意識層次對應於我們的心理與人格發展出了「三我」：

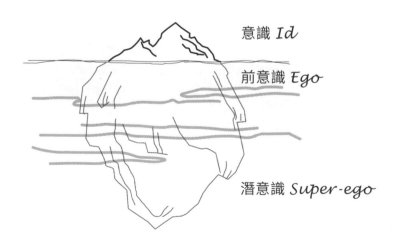

意識 *Id*

前意識 *Ego*

潛意識 *Super-ego*

1.意識：「自我」存在之處，是我們可以察覺的。

2.前意識：處於「意識」與「潛意識」之間，無法時時察覺，是種「經驗」與「記憶」。

3.潛意識：「本我」或「超我」，是內心深處的想法或天賦。

舉個簡單的例子，相信大家都曾有明明設了鬧鐘，卻還是遲到的經驗吧。雖然鬧鐘響了，卻沒聽到……不不不！其實不是沒聽到吧？而是不想起床！這就是潛意識的反應。再更進一步探究遲到的真正原因，其實是自己內心有著不想赴約的情緒，進而才會產生這樣的結果。

❧ 共時性原理 ❧

那麼，榮格所說的「共時性」又是指什麼？簡單來說，就是「有意義的巧合」，用於解釋因果法則無法理解的現象，像是現實生活發生與夢境相似的情景，或是突然想到誰、誰就出現等。榮格認為，這些表面上沒有因果關係的事件之間，其實有著非因果性卻有意義的聯繫，而這些聯繫常取決於人的主觀經驗，以及人類的集體潛意識。

塔羅牌的圖像就是集體潛意識之中的原型（Archetypes），當我們抽牌的時候，會受到自己的體驗或經驗刺激，創造出意象，釋放出潛意識的聲音，進而造成行動，影響著未來的發展。

占星學與塔羅牌

塔羅牌中蘊涵了很多西洋神祕學的知識，其中最主要的就是生命靈數（生日數字）與星座。在解讀塔羅牌的過程之中，如果我們能擁有多方面的訊息，就能更快了解塔羅牌所要呈現出來的意義，所以若能了解占星學中的星座個性，通透行星神話故事，都有助於詮釋牌義。

❧ 星座對應大阿爾克納 ❧

符號	星座	大阿爾克納
♈	牡羊座（3 月 21 日至 4 月 19 日）	IV 皇帝 The Emperor
♉	金牛座（4 月 20 日至 5 月 20 日）	V 教皇 The Hierophant
♊	雙子座（5 月 21 日至 6 月 20 日）	VI 戀人 The Lovers
♋	巨蟹座（6 月 21 日到 7 月 22 日）	VII 戰車 The Chariot
♌	獅子座（7 月 23 日至 8 月 22 日）	VIII 力量 Strength
♍	處女座（8 月 23 日至 9 月 22 日）	IX 隱者 The Hermit
♎	天秤座（9 月 23 日至 10 月 22 日）	XI 正義 Justice
♏	天蠍座（10 月 23 日至 11 月 21 日）	XIII 死神 Death
♐	射手座（11 月 22 日至 12 月 21 日）	XIV 節制 Temperance
♑	魔羯座（12 月 22 日至 1 月 19 日）	XV 惡魔 The Devil
♒	水瓶座（1 月 20 日至 2 月 18 日）	XVII 星星 The Star
♓	雙魚座（2 月 19 日至 3 月 20 日）	XVIII 月亮 The Moon

❧ 行星對應大阿爾克納 ❧

符號	行星	大阿爾克納
☉	太陽（Sun）	XIX 太陽 The Sun
☿	水星（Mercury）	I 魔術師 The Magician
♀	金星（Venus）	III 女帝 The Empress
☽	月亮（Moon）	II 女教皇 The High Pristess
♂	火星（Mars）	XVI 高塔 The Tower
♃	木星（Jupiter）	X 命運之輪 Wheel of Fortune
♄	土星（Saturn）	XXI 世界 The World
♅	天王星（Uranus）	O 愚者 The Fool
♆	海王星（Neptune）	XII 吊人 The Hanged Man
♇	冥王星（Pluto）	XX 審判 Judgement

❧ 四大元素對應大阿爾克納 ❧

在黃金黎明協會 Golden Dawn 系統中，「愚者」為風元素，「吊人」為水元素，「審判」為火元素，而土元素則設定為整體塔羅牌架構的中心。

全部二十二張大牌與四大元素的對應分類如下：

風元素：o 愚者、I 魔術師、VI 戀人、XI 正義、XVII 星星。
水元素：II 女教皇、VII 戰車、XII 吊人、XIII 死神、XVIII 月亮。
火元素：IV 皇帝、VIII 力量、X 命運之輪、XIV 節制、XVI 高塔、XIX 太陽、
　　　　XX 審判。
土元素：III 女帝、V 教皇、IX 隱者、XV 惡魔、XXI 世界。

Tips

吸引力法則

新思維運動（New Thought）中有一種概念叫做「吸引力法則」，認為人們若能夠朝向正面思考，就容易得到正面的結果；如果抱持負面想法，往往就會招致負面的結果。這個概念是由「純粹的能量」所形成，透過這股力量去吸引另一股力量，但是如果你的信念不夠專注，就有可能會被潛意識所干擾，使得你無法心想事成。塔羅牌的原理和吸引力法則有著異曲同工之妙，靠著自己的信念，就能發現問題的解答，甚至於有時候只需轉念思考，就能化解心中烏雲，海闊天空囉！

塔羅牌的禁忌

塔羅牌經過了千年的歷練，當然出現過各式各樣的玩法與禁忌，但其實塔羅本身並沒有這麼可怕，許多規定也只是見仁見智的問題，看你要不要採信罷了。與其稱之為禁忌，還不如說是一些在塔羅占卜上的原則。

❀ 勿將塔羅牌人格化或神格化 ❀

塔羅牌裡是不是住著什麼牌靈、小鬼？當然沒有！塔羅牌是一個很棒的自我解析工具，我們會用「準」來讚揚塔羅牌的訊息建議，是因為我們能從這些牌卡中找到自己的問題盲點，找到自己未來的做法，進而掌握自己的人生。我們可以抱著感謝與尊重的心，珍惜每一副塔羅牌，並不是因為裡面附有牌靈。塔羅牌是一種思想信念的延伸，我們相信這些力量，但千萬別迷信！

❀ 收藏牌的方式 ❀

塔羅牌是需要常常接觸，並與之培養默契的，避免潮濕是首要之務，所以找一個木盒、布袋或一張桌布，將牌好好收藏起來就可以囉！

至於牌可不可以讓別人碰的問題，由你自己決定即可。於我而言，是不介意的。因為牌是跟你有默契的，就像你養的寵物，讓別人摸兩下，並不會就跟別人跑掉，所以當然可以讓別人欣賞，也可以讓人碰觸。

❀ 一事不二問 ❀

同一個人、同一件事情不能占卜兩次，起碼要等事情狀況有所改變或三個月之後才能再占卜一次，除非針對一件事有了不同做法與規畫，則另當別論。

❀ 晚間十一點後不占卜 ❀

解讀塔羅牌必須集中精神，唯有專心才能找到答案。根據科學研究，晚間十一點後人體機能會自動轉成休養模式，注意力不易集中，當然也就不適合

占卜的進行。另一方面，晚上十一點是西洋所謂的魔空時刻（惡魔活躍的時段，許多女巫會在此時進行魔法儀式）；而在中國，晚間十一點至隔日凌晨一點是子時，是新舊交替的時段，對磁場變化有所影響，所以在這段期間當然就不建議使用塔羅來做占卜了。

❦ 不斷言，不恐嚇 ❦

塔羅牌是為大家帶來幸福的，只能給你建議，不能幫你決定什麼事！所以在解讀塔羅的時候，絕不能出現過於武斷的解釋，即便是不好的牌，也要以正面的觀點來做引導、給予建議，而不是幫問卜者做決定！

Tips

塔羅牌可以占卜多久之後的事？

大家常常會問，塔羅牌可以占卜多久之後的事呢？基本上是三個月左右。一個人的想法和做法有可能會因為一個念頭而改變，而這樣的轉變需要發酵的時間，就好比許多公司錄用新員工有所謂的三個月試用期，而懷孕的媽媽也習慣在三個月後才告訴大家喜訊，從這一些心靈或生理層面的經驗，我們概略估計一個信念經歷三個月的考驗會進入穩定期，進而對我們產生實質的效果。

克勞利托特塔羅牌
Aleister Crowley Thoth Tarot

作者：Aleister Crowley & Frieda
　　　Harris
發行：U.S. Games

黃金黎明協會的成員克勞利所
創作，用色大膽強烈，延續古
埃及神祇荷魯斯所要傳遞之概
念。圖案集結了西方神祕學的
眾多知識，包含凡諾斯替教派
（Gnosticism）的神祕主義、
猶太教的卡巴拉數字學、占星
術和埃及圖像符號、希臘羅馬
神話等。

永恆之星塔羅牌
Liber T: Tarot of Stars Eternal

作者：Andrea Serio & Roberto
　　　Negrini
發行：Lo Scarabeo

有歐洲托特牌之稱的永恆之星
塔羅牌，在重新繪製的過程中，
於畫面裡加入了柔和的感覺，
使我們更能一眼清楚看到塔羅
符號。由於此牌在原本的托特
塔羅牌中加入了很多神祕學的
故事與符號，若想好好了解，
可要下一番工夫。

維斯康堤塔羅牌
Visconti-Sforza Pierpont Morgan Tarocchi Deck

作者：Stuart R. Kaplan
發行：U.S. Games

自十五世紀的原版維斯康堤塔
羅（Visconti-Sforza tarocchi）
拓印而來，這個古老的牌組原本
只剩七十四張，少了惡魔、塔、
寶劍 3 及錢幣騎士四張牌，後
來由其他藝術家考究其牌的模
式另外繪製，始成現在的版本。
這副牌還有一項特點，就是透
過牌中角色的描繪表現出中世
紀米蘭的樣貌。

馬賽塔羅牌
Le Tarot de Marseille

作者：Jean Dodal
發行：Fournier

馬賽版塔羅牌最初於西元一七〇一年在里昂印
製，後來由法國的塔羅學者找到並修復，經過多
次變化而有不同的版本。目前存放於巴黎國家圖
書館內，其小阿爾克納只有像撲克牌一樣的數字
牌。

經典塔羅牌
Classic Tarot

作者：Carlo DellaRocca
發行：Lo Scarabeo

可以說是馬賽塔羅牌的精緻版，是跟隨著傳統的
馬賽版塔羅牌系統重新上色與描繪。在畫面中看
得出是用鋼筆來繪製，色彩上特別強調明亮的橘
色、檸檬綠和桃紅色，既復古又搶眼，在整體呈
現上卻有一種和諧的感受。

請掃描 QR code 欣賞各式塔羅牌

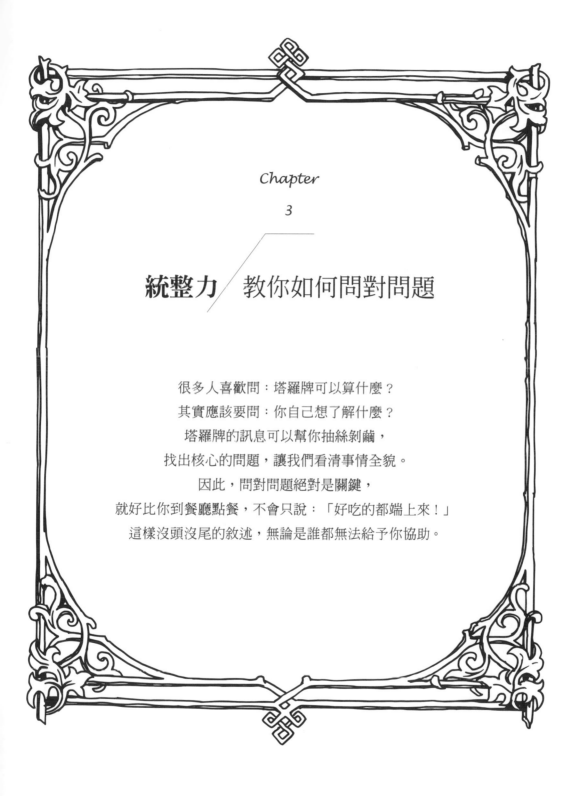

Chapter

3

統整力／教你如何問對問題

很多人喜歡問：塔羅牌可以算什麼？

其實應該要問：你自己想了解什麼？

塔羅牌的訊息可以幫你抽絲剝繭，

找出核心的問題，讓我們看清事情全貌。

因此，問對問題絕對是關鍵，

就好比你到餐廳點餐，不會只說：「好吃的都端上來！」

這樣沒頭沒尾的敘述，無論是誰都無法給予你協助。

大家常用準不準來形容塔羅牌的占卜結果，但我都會告訴來占卜的朋友們，除了準確性之外，其實更重要的是有沒有在占卜過程中得到幫助。所謂的幫助，就是透過塔羅牌的訊息指引，讓自己找到問題所在，知道下一步該怎麼去面對，進而能夠做出選擇或決定。

解讀塔羅牌的時候，必須挖掘問卜者內心感到不舒服的負面情緒區域，所以一開始往往會不知該如何問起，但千萬別因此抱著姑且一試的心態，丟出諸如算個工作運、愛情運之類的，因為這些根本就不是問題，而是生活項目。

問對問題很重要！因此在占卜之前應該先平心靜氣，傾聽內心深處的想法，接下來，只要跟著我的發問三步驟，就能慢慢找出最適合自己的問題了。

STEP 1 決定大方向

在我們的生活之中，總是會遇到很多問題，讓我們覺得困惑，有時候可以靠經驗法則來面對這些考驗、跨越這些挑戰。在我的解牌經驗之中，問卜者最關切的往往離不開「工作」和「愛情」這兩大主軸。的確，工作與愛情是生活之中最常觸碰到的兩大類問題，而其中愛情象徵著「感性面」，工作則代表「理性面」。所以，找出問題的第一步就是：釐清現在的自己想處理哪一方面的情緒、想要突破什麼樣的狀況。

我將感性面和理性面的問題分類如下：

感性面的問題

愛情、友誼、
人際關係、家庭、
婚姻、心情等。

理性面的問題

工作、學業、
投資、金錢財務、
夢想、健康等。

STEP 2 縮小問題範圍，思考未來走向

塔羅牌所建議的方向，會跟你自身想怎麼做有關。大方向決定好了，接下來就是要縮小問題的範圍。

但是，該如何縮小問題範圍呢？

說穿了，真的很簡單，只要運用是非題就能輕易整理出來，再一步一步去發現自己真正想問的問題。

例如想要詢問愛情方面的問題，你可以如下推演：

第一個問題當然是有沒有對象？現在有沒有在一起？如果有，你還想不想繼續在一起？這之中發生了什麼問題嗎？如果目前還沒有對象，那你現在想談戀愛嗎？未來會出現對的人嗎？

如此一般的層層抽絲剝繭，你想問的問題不就呼之欲出了嗎？

如果你還是不知道怎麼問，下面是幾個感性面和理性面常見的延伸問題，可以參考看看：

「感性面」常見延伸問題	「理性面」常見延伸問題
愛情▶ 我跟這個人的未來有發展嗎？	**工作▶** 這個工作適合我嗎？有前景嗎？
愛情▶ 我能遇上好桃花嗎？	**工作▶** 現在是我換工作的好時機嗎？
愛情▶ 在愛情中，該選擇 A 還是 B 呢？	**夢想▶** 我能夠自己創業當老闆嗎？
友情▶ 我們該如何處理最近的不愉快？	**學業▶** 這一個考試能順利率取嗎？
心情▶ 該怎麼做才能找回快樂？	**財富▶** 我規畫的投資能獲利嗎？

STEP 3 避免預設立場和個人情緒

　　進行塔羅占卜，就是要來尋找問題的解決之道，透過塔羅牌的訊息，讓你檢視現在的狀況，突破自己看事情的角度、盲點，屏除過多的情緒干擾，像是任性、反抗等，所以在發問的時候，必須盡量採取中立的態度來看待所有事物，不要預設立場，並避免以刻板印象來發問。畢竟塔羅牌除了會告訴你能做什麼，同時也能發掘你想做什麼，如果此時一直執著於平常習慣的處事方式，就無法真正參透塔羅牌給你的建議，甚至有可能會產生誤解，而且即便塔羅牌做出了對你最好的建議，固執己見的你又聽得進去嗎？如此一來，就失去了卜算塔羅牌的意義與價值了。

Tips

提問小叮嚀

★範圍太大無法精準給予建議訊息，請務必縮小問題方向。

★與你無關、沒有實質交集或接觸的人，請不要隨意發問，例如：我跟哪個明星會不會交往？選舉中某某人會不會當選？

★不問時間太久遠之後的事，因為變數太多，以最近三個月的準確度較高。

★不執著前世今生，活在當下，珍惜現在生活，才是要點。

★關於健康的問題，需要特別小心謹慎，必要時請對方接受專業醫療協助。

★生活瑣事不要問，例如該去剪頭髮嗎？要買飲料來喝嗎？過分依賴塔羅牌的答案，反而會失去自我思考解決問題的能力。

新視覺塔羅牌
Tarot of the New Vision

作者：Gianluca Cestaro & Pietro Alligo
發行：Lo Scarabeo

翻轉一百八十度，跨越水平線，從不同的方位來解讀塔羅。在魔術師、皇帝的身後是什麼？愚者一眼望去的景色又是什麼？我們都被制式的塔羅教條所約束了，這副牌帶我們從角色的背後來看，打破方位思考，加強我們的塔羅自覺聯想力，感受不同的觀念想法。

月亮塔羅牌
The Llewellyn Tarot

作者：Anna-Marie Ferguson
發行：Llewellyn

這副牌是對月亮出版社創辦人Llewellyn George 的致敬之作，以水彩的意象邀請你進入一座神祕世界的原始森林。這副牌有兩個不同層面的意義，一是介紹神話傳說，另一是想把占星學帶入新的里程碑，藉以啟發使用者更多的靈感，且更易於運用在日常生活之中。

領航者塔羅牌
Voyager Tarot

作者：James Wanless & Ken Knutson
發行：個人創作

以托特系統為基礎，由現代圖片拼貼而成。每張牌卡就像是在訴說一段心路歷程，彷彿哲學智慧之書，為我們的人生做導航，並有助於心靈創傷的癒合。它的藍色牌背乍看之下像是曼陀羅，但實際上是 DNA 的截面，代表建設我們的精神基石。

摩根吉爾塔羅牌
Morgan-Greer Tarot

作者：Lloyd Morgan & Bill Greer
發行：U.S. Games

適合初學者的全新繪製的塔羅牌，是一套沒有邊框的牌組，滿版的圖案把畫面拉近放大，且色彩極豐富，讓整個圖像更添想像空間。每張牌卡以淺顯易見的元素融入其色彩意義之中，清楚表現出牌意與圖像間的呼應。

聖甲蟲塔羅牌
Lo Scarabeo Tarot

作者：Mark McElroy & Anna Lazzarini
發行：Lo Scarabeo

為慶祝聖甲蟲出版二十年紀念。這副牌結合了馬賽、偉特、托特三個傳統系統，但主軸是放在偉特體系，圖像元素的表現則以後兩者的混合居多，也就是以偉特為主題，並融合三個系統的細節元素，使此牌占卜的潛能益形增加。

請掃描 QR code 欣賞各式塔羅牌

羅賓伍德塔羅牌
Robin Wood Tarot

作者：Robin Wood
發行：Llewellyn

這是一副偉特系統的塔羅牌。畫面中保留繪畫的筆觸，並大量使用漸層的設計手法，讓這一副羅賓伍德塔羅牌看起來既夢幻又浪漫。牌中人物的服飾饒富古典風味，融合在古代歐洲背景之中，相當具有中古世紀的感覺。

可諾麗塔羅牌
Connolly Tarot

作者：Eileen Connolly
發行：U.S. Games

生動而美麗的卡片中，只有豐富的色彩與鮮明的人物，這些圖像和象徵意義都是五顏六色，沒有負面影像，傳遞出正向積極的風格。或許是受到宗教的啟發，這副牌中帶有基督教的色彩，可以在其中發現許多天使的蹤影喔！

漢生羅伯特塔羅牌
Hanson-Roberts Tarot

作者：Mary Hanson-Roberts
發行：U.S. Games

尺寸比一般的牌組小一點，十分適合隨身攜帶。保留彩色鉛筆的筆觸，並結合了漫畫與繪本的感覺，柔和的色彩令人看了有一種舒服的感受，而且每一張牌都畫了專屬的標題外框喔！

前傳塔羅牌（塔羅之前）
Before Tarot

作者：Corrine Kenner & Floreana Nativo & Pietro
　　　Alligo & Simona Rossi Eon
發行：Lo Scarabeo

探索前傳塔羅牌迷人的場景和深刻的象徵意義，為我們所看到的內容及其含意添加了時間維度，解釋了偉特塔羅牌傳統圖像之前所發生的事情，可以幫助我們理解熟悉場景的種種人生新變化，進一步找到方向與解答。

後記塔羅牌（塔羅之後）
After Tarot

作者：Pietro Alligo & Giulia F. Massaglia
發行：Lo Scarabeo

你是否曾經想過，每一張塔羅牌中的人物之後會怎麼樣呢？為了打破人們對塔羅牌的既定印象，不被每張牌的固定解讀所局限，所以將傳統的偉特塔羅牌想像成是一張張快照的瞬間，用之後的畫面來激發新的思考。

請掃描 QR code 欣賞各式塔羅牌

Chapter

4

邏輯力／五大牌陣輕鬆上手

當你手上拿到一副塔羅牌，

一定很想趕快把牌打開，馬上來占卜一下吧？

那麼，這個單元就來認識一下五大塔羅牌的占卜牌陣，

讓你輕鬆搞懂塔羅牌的建議！

牌陣就像燈泡的底座，而塔羅牌就是各式各樣不同色彩的燈，我們必須找對底座，才能讓這些燈泡發出七彩的光芒，而燈泡所發出的光，也各有不同的用途與寓意，有的光是照明用，有的光是裝飾用，也有的光能帶來溫暖，療癒心靈。所以，一定要了解牌陣，才能探知塔羅牌的奧義。

塔羅牌和牌陣是前人流傳下來的智慧，隨著時代變遷產生了不同的牌陣演化，甚至還有無牌陣占卜，而每一種牌陣都有其巧妙之處，沒有強硬的規範，要求你非得怎麼做才行，它提供你一個方向、一條道路，而選擇權則永遠握在你的手中。

下列是常用的五大牌陣，各有其功能和適用的問題，學會運用之後，便能挑選其一來為你指點迷津。

【入門牌陣】是非題牌陣（單張占卜法）

抽出單張塔羅牌就可簡單了解問題方向，迅速知道自己該怎麼做！

【入門牌陣】聖三角牌陣（時間之流占卜法）

依照時間進程，觀測過去、現在、未來面相，找到問題核心狀況！

【進階牌陣】選擇題牌陣（二擇一占卜法）

當人生面臨不同選擇時，可以用這個牌陣一一比較，釐清方向！

【進階牌陣】六芒星牌陣（關係占卜法）

從不同角度分析整體狀態，找出事件演變過程，給出適合的做法與建議！

【專家牌陣】賽爾特十字牌陣（全面解析占卜法）

破解複雜狀態與交錯的情緒，了解由內而外的反應，提供全面的觀察解讀！

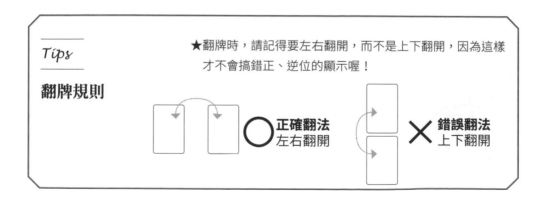

Tips

翻牌規則

★翻牌時，請記得要左右翻開，而不是上下翻開，因為這樣才不會搞錯正、逆位的顯示喔！

○ **正確翻法** 左右翻開

✕ **錯誤翻法** 上下翻開

是非題牌陣（單張占卜法）

　　如果你不想聽長篇大論的建議和解釋，這個牌陣可以給你直接的答案，適合用於「有沒有」、「是不是」、「對不對」之類的問題。請先將牌切好，以扇形將所有的牌展開，憑直覺選出一張你最中意的，它將一針見血的告訴你想要的答案。

　　單張占卜法十分適合初學者。學習塔羅牌的時候，可以每天抽一張牌，預測一下今日運勢狀況。建議使用單張占卜法時，可以兼用正、逆位來做解讀，能讓你更理解塔羅牌中的訊息。

❧ 延伸抽牌做法 ❧

　　當你還想要知道「為什麼」或「該如何做」時，可以從原來展開的扇形中再抽一張牌（不用再重新洗牌），那麼，這一張牌將會給你相關的忠告。

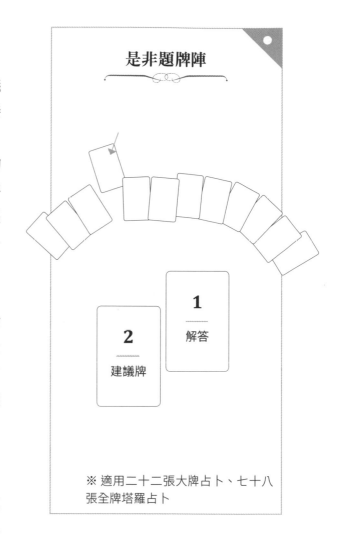

是非題牌陣

1 解答

2 建議牌

※ 適用二十二張大牌占卜、七十八張全牌塔羅占卜

聖三角牌陣（時間之流占卜法）

　　想要清楚又迅速的了解一件事的過去、現在與未來，這個簡單的牌陣是最常使用的。可以運用「直接抽牌」或「古法數牌」的方式來進行塔羅牌占卜。

❦ 直接抽牌 ❦

　　將牌切好，展開呈扇形，隨意挑出喜歡的牌卡，放置在牌陣的位置上。

❦ 古法數牌 ❦

　　抽出整疊牌正面數來第七張牌，放置在 1 的位置；再往下數，將第二個第七張牌（也就是第十四張牌），放置在 2 的位置；再一次往下數，將第三個第七張（也就是第二十一張牌）放在 3 的位置。

　　如果想要塔羅給予你忠告的話，你可以再憑直覺隨意抽一張牌，或是直接使用最後一張底牌（在抽牌時別忘了說：「請告訴我要怎麼做比較好。」），成為 4，然後綜合 3 的意思，就會有更清楚的解釋了。

❦ 延伸牌陣 ❦

　　聖三角牌陣除了能說明過去、現在及未來的狀況，還可針對身、心、靈狀況進行塔羅牌訊息的解讀。其位置關係對應如右頁。

Tips

**不可不知的
占卜小原則**

★一事不二問，同一問題不要反覆用不同牌陣占卜。

★不是抽越多張牌就越準。

★不是使用高難度牌陣就一定好，而是要選擇符合問題的。

★若占卜過程數牌出錯，請將錯就錯數下去，可能另有指引。

★過程中若有不小心翻開的牌，或是掉出來的牌，也許有額外訊息，請記錄下來，作為解讀參考。

聖三角牌陣

```
    ┌─────┐              ┌─────┐
    │  1  │              │  3  │
    │ ─── │              │ ─── │
    │ 過去 │              │ 未來 │
    └─────┘              └─────┘

            ┌─────┐
            │  2  │
            │ ─── │
            │ 現在 │
            └─────┘

    ┌─────┐
    │  4  │
    │ ─── │
    │建議牌│
    └─────┘
```

1 過去：
先前經歷的情緒反應

2 現在：
當下的感受、行動、
思考

3 未來：
預測事件如何演變

身：
外在顯現的狀態

心：
內心真正的想法

靈：
深層潛意識訊息

※ 適用二十二張大牌占卜、七十八張全牌塔羅占卜

選擇題牌陣（二擇一占卜法）

這個方法是運用在遇到必須做選擇之時，比如在人生的十字路口，該選擇向左走或向右走。運用這個牌陣，可以找到一個明確的解決方法，不過在使用之前必須先決定出兩個方向，請先設定「前者」與「後者」，才能進一步做分析解釋。可以是人、事、物，也可以是兩個不同的目標，或是同一個目標的兩種做法。可運用「直接抽牌」或「古法數牌」兩種方式來進行塔羅牌占卜。

❧ 直接抽牌 ❧

將牌切好，展開呈扇形，然後隨意挑出自己喜歡的牌卡，放置在牌陣的位置上。

❧ 古法數牌 ❧

從第一張牌往下數，將第七張牌放在 1 的位置；再往下數到第六張牌（也就是第十三張牌），放在 2 的位置；然後將這張牌的下一張（也就是第十四張牌）放在 3 的位置；而 4 的位置上則放上第三個第六張牌（也就是第二十張牌）；其後一張（也就是第二十一張牌）則放置在 5 的位置上。

❧ 延伸牌陣 ❧

我們的人生當然有可能面臨兩種以上的選擇，那麼，遇到這種狀況時還能使用選擇題牌陣嗎？當然可以。請先將自己的思緒整理一番，每次針對兩個方向詢問，得出結論後，再和第三個方向進行占卜，以此方式依序慢慢抽絲剝繭，整合多次占卜結果，就能從中獲得答案。

選擇題牌陣

3
———
A 結果

2
———
A 過程

1
———
現況

4
———
B 過程

5
———
B 結果

1 你的現況

2 選擇 A 的
過程狀態、互動關係

3 選擇 A 的
結果、未來發展

4 選擇 B 的
過程狀態、互動關係

5 選擇 B 的
結果、未來發展

※ 適用二十二張大牌占卜、七十八張全牌塔羅占卜

六芒星牌陣（關係占卜法）

在塔羅牌占卜中，六芒星牌陣是十分經典的牌陣，可以反映出人、事、物相關面向的關聯性，從不同角度來觀察彼此的關係，讓我們從中了解不同觀點之下的想法，以及如何面對，進而決定未來的做法。這個牌陣可以運用「直接抽牌」或「古法數牌」的方式來進行塔羅牌占卜。

❧ 直接抽牌 ❧

將牌切好，展開呈扇形，然後隨意挑出自己喜歡的牌卡，放置在牌陣的位置上。

❧ 古法數牌 ❧

從第一張往下數的第七張牌放在 1 的位置，第八張牌放在 2 的位置，然後第九張牌放在 3 的位置。

接續往下數的第二個第七張牌（也就是第十六張牌）放在 4 的位置，第二個第八張牌（也就是第十七張牌）放在 5 的位置，然後第二個第九張牌（也就是第十八張牌）放在 6 的位置。

最後是第三個第七張牌（也就是第二十五張牌），放在 7 的位置上。

❧ 延伸牌陣 ❧

運用此一牌陣的時候，牌與牌的關聯性相當重要，有時透過不同的軸線，就更能剖析事情的面貌。

1 ＋ 4 直線，能讓我們發現過往經驗遺留下來的聲音→接受面對

2 ＋ 5 左斜線，能告訴我們現在手邊有什麼資源→該如何運用

3 ＋ 6 右斜線，針對未來直接給予說明→預測可能造成什麼影響

六芒星牌陣

```
           ┌─────┐
           │  4  │
           │ ─── │
┌─────┐    │ 原因 │    ┌─────┐
│  2  │    └─────┘    │  3  │
│ ─── │    ┌─────┐    │ ─── │
│ 現在 │    │  7  │    │ 未來 │
└─────┘    │ ─── │    └─────┘
┌─────┐    │ 建議 │    ┌─────┐
│  6  │    └─────┘    │  5  │
│ ─── │    ┌─────┐    │ ─── │
│ 對策 │    │  1  │    │ 環境 │
└─────┘    │ ─── │    └─────┘
           │ 過去 │
           └─────┘
```

1 過去：
先前經歷的情緒
反應

2 現在：
當下的感受、行
動、思考

3 未來：
預測事件如何演
變

4 原因：
造成此事的主
因，或當時的決
定歷程

5 環境：
身邊有什麼干
擾、影響，是阻
力或是助力

6 對策：
對於問題的最佳
做法，釐清可能
的變化

7 建議：
補充說明，並做
正確的指引

※ 建議使用七十八張全牌塔羅占卜

賽爾特十字牌陣（全面分析占卜法）

賽爾特十字牌陣是相當具有代表性的塔羅牌陣，當你想要仔細了解事情的完整面向，就可以使用這個牌陣，它幾乎可以解答任何問題，不過難度較高，也較爲複雜，所以需要多花些時間與心思去學習了解。這個牌陣可以運用「直接抽牌」或「古法數牌」的方式來進行塔羅牌占卜。

❧ 直接抽牌 ❧

將牌切好，展開呈扇形，然後隨意挑出自己喜歡的牌卡，放置在牌陣的位置上。

❧ 古法數牌 ❧

從第一張牌往下數，將第七張牌放在 1 的位置，第八張牌放在 2 的位置（這張牌需橫放，上端朝左側，逆時針轉九十度即可），第九張牌放在 3，第十張牌放在 4，第十一張牌放在 5，第十二張牌放在 6。

接續往下數第二個第七張牌（也就是第十九張牌）放在 7 的位置，再往下數第二個第八張牌（也就是第二十張牌）放在 8 的位置，第二個第九張牌（也就是第二十一張牌）放在 9 的位置，第二個第十張牌（也就是第二十二張牌）放在 10 的位置。

❧ 延伸牌陣 ❧

經過時代的演變，賽爾特十字牌陣有十張牌與十一張牌的差異。壓在 1 之下的第十一張牌，名爲「指示牌」，占卜師可自由選用。

這個指示牌代表著問卜者的「個人特質」，也就是個性與風格。若是使用指示牌，古法是由占卜師先行自十六張宮廷牌中抽選；但近代占卜操作，多選用最後一張底牌。在解讀過程中，指示牌可作爲問卜者與牌陣中每個位置的聯結。

賽爾特十字牌陣

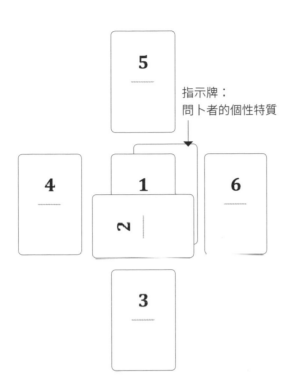

指示牌：
問卜者的個性特質

1 現在的概況　　**2** 協助與障礙　　**3** 先前的基礎　　**4** 過去的影響　　**5** 理想的狀態

6 未來的預測　　**7** 自己的態度　　**8** 環境的干擾　　**9** 希望與恐懼　　**10** 綜觀的結果

※ 建議使用七十八張全牌塔羅占卜

塔羅占卜師的
道德守則

以下是美國塔羅牌協會（American Tarot Association, ATA）對於占卜師的品行規範，是所有塔羅占卜師都應該遵從的道德準則。

I will serve the best interests of my clients, conducting my professional activities without causing or intending to cause harm.

我將以最大的熱忱為問卜者提供解讀服務，發揮專業，並且不對其造成傷害或意圖傷害。

I will treat all my clients with equal respect, regardless of their origin, race, religion, gender, age, or sexual preference.

對於所有的問卜者，不論其起源、種族、宗教、性別、年齡及性傾向，都以同等的尊敬對待之。

I will represent honestly my Tarot qualifications, including educational credentials and levels of certification.

我將誠實的出示代表我的塔羅解讀資格，包括教育認證和級別執照。

I will keep confidential the names of clients and all information shared or discussed during readings, unless otherwise requested by the client or required by a court of law.

在解牌過程或言談之間，除非問卜者或法庭要求，對於問卜者的姓名及相關資訊，我將一律保密。

I will recommend clients consult a licensed professional for advice of a legal, financial, medical, or psychological nature that I am not qualified to provide. If trained in one of these areas, I will clearly differentiate between the tarot reading and any professional advice additionally provided.

如果在解讀的過程中，無法提供有關法律、財政、醫療或心理咨詢的建議，將推薦問卜者轉而尋求合法的專業人士。如果受過上述的專業訓練，亦將清楚區分塔羅解讀與其他專業意見間的不同。

I will respect my clients' right to refuse or terminate their reading at any time, regardless of prior consent.

我將尊重問卜者有隨時拒絕或終止塔羅解讀的權利，即使是對方已事先同意。

埃及之光塔羅牌
Nefertari's Tarot

作者：Silvana Alasia
發行：Lo Scarabeo

金色常被使用在埃及法老及貴族的用品上，用以象徵其身分地位，而這副牌的名字納菲爾塔莉（Nefertari）是古埃及第十九王朝法老拉美西斯二世的新娘。讓我們透過埃及之光塔羅牌，看看埃及的壁畫藝術、生活型態和符號圖騰吧！

金色文藝復興塔羅牌
Golden Tarot of Renaissance

作者：Giordano Berti & Jo
　　　Dworkin
　發行：Lo Scarabeo

根據十五世紀法國一組古老的塔羅牌繪製而成，這套原本只有十七張的塔羅牌，被後來的藝術家設計成七十八張版本。在法國興盛的年代，金碧輝煌的建築物是其富足象徵，這套牌卡以水彩風格加上燙金處理，充分呈現出當時的奢華。

薩卡拉塔羅牌
Tarot of Saqqara

作者：Donald G. Beaman
發行：個人創作

薩卡拉是埃及開羅南邊的村莊，那裡有埃及史上最早的石室墳墓遺址。埃及墓地都會有壁畫伴隨著死者，每一張牌就如同一幅美麗的壁畫，重現當時埃及的輝煌世代。這副牌巧妙的透過埃及神明與埃及人的互動，將塔羅牌的訊息意涵呈現出來。

維多利亞浪漫塔羅牌
The Victorian Romantic Tarot

作者：Alex Ukolov & Karen Mahony
發行：Magic Realist Press

奠基於十九世紀藝術家原來的雕刻及畫作風格，以完美拼貼呈現，充滿維多利亞時代的激情和執著。其中不僅有與生活息息相關的神話故事，各國文化也在此相互交流，所以我們也能在這副牌中看到東方主義的異國情調。

中國古典塔羅牌
Chinese Tarot

作者：Jui Guoliang
發行：U.S. Games

這副牌除了蘊含許多中國傳統的人、事、物、景色、傳說外，更以傳統國畫的水墨畫法來呈現，再加上書法提字，整個畫面表現出濃濃的中國風情，並將中國老祖先們的智慧融入其中。像這樣連畫風都饒富中國味的塔羅牌還真不多見。

請掃描 QR code 欣賞各式塔羅牌

中國塔羅牌
China Tarot

作者：德珍繪、王中平解說
發行：尖端出版

塔羅牌一向被認為是西方的占卜工具，但在臺灣也出現了很獨特的作品喔！對中國歷史和服飾頗有研究的東方畫姬德珍，曾推出不少中國繪卷作品，這次她的中國塔羅牌，當然有著濃濃的中國風，加上她精湛的畫技，讓整副塔羅牌洋溢不一樣的東方風情。

情人之路塔羅牌
Lover's Path Tarot

作者：Kris Waldherr
發行：U.S. Games

愛情一直是你我生活中難解的課題之一。有鑑於此，作者將歷史上著名的愛情故事與塔羅牌角色、牌義相互呼應，設計出能透過這些故事來了解愛情發生始末的塔羅牌，讓我們在愛情這條道路能走得更加穩健與平順。

日本神話塔羅牌 極
日本神話タロット，極 フルデッキ

作者：Yamamoto Naoki
發行：個人創作

祭司、陰陽師及術士都登場了，主角擁有不同於西方的特殊神祕力量，加上日本文化中特有的場景——鳥居，還有酒杯、羽扇及卷軸等器具，帶領我們進入一個神祕結界之中，而在小牌之中還添加了四個重要神話，以棒、勾玉、鏡及劍，創作出嶄新和風偉特塔羅牌。

印尼偉特塔羅牌（群島塔羅牌）
Tarot Nusantara

作者：Hisyam A. Fachri
發行：個人創作

運用傳統偉特畫面為藍圖，加上東南亞的異國風情——人物細長的肢體動作、布料的花紋、當地圖騰、衣著服飾等，傳達出一種溫和舒服的感覺。作者運用巧思把偉特塔羅牌變成富有南洋風情的文化饗宴！

威尼斯狂歡節塔羅牌
Venetian Carnival Tarot

作者：Roxana Paul
發行：個人創作

七十八張牌均是優雅的蒙面人物，透過華麗的設計帶領我們進入歡樂的節慶之中。每個角色都蒙上面具，旨在刺激直覺、表象意識和無意識心靈間的輕鬆溝通，帶出三層意念，以不同觀點和態度探討他們所扮演的角色及其生活樣貌。

請掃描 QR code 欣賞各式塔羅牌

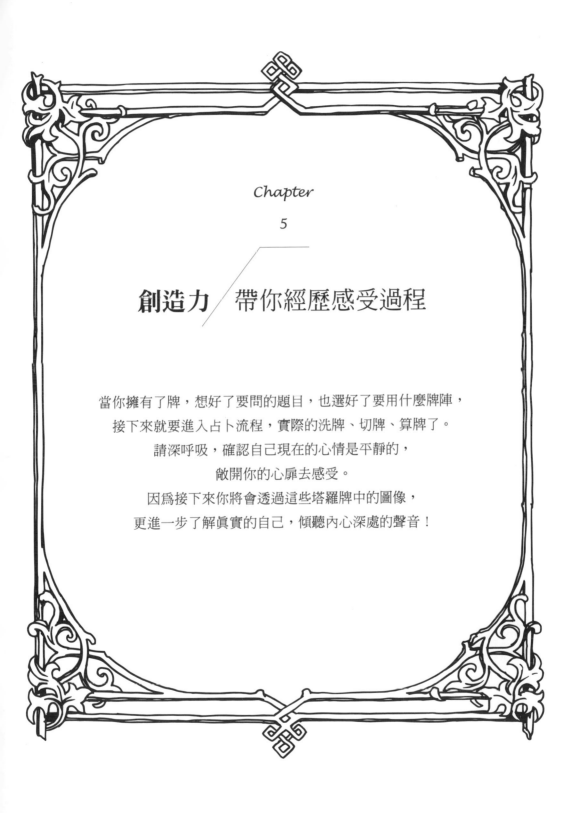

Chapter

5

創造力／帶你經歷感受過程

當你擁有了牌，想好了要問的題目，也選好了要用什麼牌陣，
接下來就要進入占卜流程，實際的洗牌、切牌、算牌了。
請深呼吸，確認自己現在的心情是平靜的，
敞開你的心扉去感受。
因為接下來你將會透過這些塔羅牌中的圖像，
更進一步了解真實的自己，傾聽內心深處的聲音！

為什麼塔羅牌能成為人人皆可上手的好工具？就在於它的無限性，沒有人規定你一定要用什麼方式才能使用，就跟一枝筆一樣，可以拿來寫字，也可以拿來畫畫，甚至可以拿在手中不停的轉動把玩。

因為在塔羅牌的世界裡，沒有複雜又繁多的框架與約束，所以塔羅牌的占卜流程也沒有一定的硬性規定。每位老師或不同的塔羅教學書中，都會設計出一套專屬自己的塔羅占卜流程，你可以自由挑選自己喜歡的或習慣的。

為了讓大家對塔羅牌的占卜流程能有基本的了解，再從中找出屬於自己的方式，我將透過這個單元跟大家分享我自己慣用的塔羅占卜程序，希望能幫助你創造自己習慣的占卜流程。

STEP 1 靜心

在我們的生活之中，無論要做什麼事情，如果我們能集中精神、全心全力，多半能收事半功倍之效，使用塔羅牌也是相同的道理，唯有專心一意聆聽潛意識裡的聲音，才能真正探知塔羅牌要告訴我們的祕密，當然也能讓我們有更清晰的思維，來判斷該如何運用塔羅牌裡的諭示，走向正確的方向，所以靜心真的非常重要。

想要幫助自己靜下心來，其實沒有什麼難懂的儀式和麻煩的道具，只要讓自己心平氣和，就是踏出了成功的第一步。我喜歡在自己感到放鬆的環境下進行占卜，不一定要非常安靜，但盡可能別有太多干擾，鋪上一塊塔羅桌布，可以保護塔羅牌，避免污損，再點上一根蠟燭，讓燭火的熠熠光芒幫助我集中精神（在神祕學的說法中，燭光能形成一個防護的結界磁場，讓我們能不被外力負面氣場影響）。建議你可以花點時間進行深呼吸，調順氣息，畢竟等等會有很多對話的過程，無論是對問卜者或是自己，讓我們都把煩惱與雜念釋放，將注意力集中在牌上吧！

STEP 2 洗牌

1. 將牌從牌盒或布袋中取出，檢查是否為你要使用的塔羅牌張數（二十二張或七十八張），請特別留意是不是有封面卡、廣告卡等不必要的牌卡參雜其中。

2. 將牌整疊平放在桌面，再將你的左手放置在牌上，心中默念 一至三次想要詢問的問題。

3. 攤開所有的牌，以畫圓弧的方式洗牌，因為是要做關於未來的預測，所以會依照順時鐘的方向來洗牌，象徵流動的時間。透過不斷重複畫圈的動作，確保所有的牌卡都被打散，然後再把牌收攏整理成一疊，橫放在桌面上。在塔羅牌的解讀中有正、逆位的應用，若解牌時會兼採正、逆（倒牌）的意涵，便適合上述類似洗麻將的畫圈方法；但若是一開始就設定不使用逆位的說明，也可以像洗撲克牌一般，整疊抽洗。

4. 是不是要讓問卜者自行洗牌，由你自己決定即可，沒有硬性規定，因為由占卜者或問卜者洗牌，並不會影響塔羅牌所顯示的結果。

順時鐘方向

問卜者

橫向放置

占卜者

STEP 3 切牌

　　洗完牌後，將牌卡橫向放置於桌面，接下來要進行切牌。這個程序可由占卜師直接完成，而我則是習慣交由問卜者來先分成三份，形式不拘。透過請問卜者切牌，除了可以增加牌與人的互動，也可以讓問卜者更有參與感。最後，再由我來協助整理成一疊牌，這樣就完成了切牌程序。

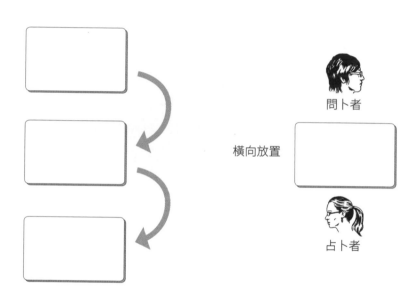

問卜者

橫向放置

占卜者

※ 此時的底牌也就是所謂的建議牌或指示牌。

Tips

關於抽牌二三事

★能不能讓別人碰塔羅牌，其實沒有限制，但請先尊重占卜師，建議詢問過後才動手。

★是否由問卜者自行洗牌，或是由占卜師洗牌，只要雙方協調好即可。

★古法塔羅占卜多是由占卜師來操作所有的塔羅流程，問卜者不碰觸牌卡。

STEP 4 抽牌或數牌

1. 經過了洗牌和切牌的程序，目前的塔羅牌卡是橫向放置。如果打算要使用正、逆位來進行塔羅牌的解讀，那麼接下來這個將牌轉向直立的過程，就要特別留意了。為自己占卜的時候，將牌卡以順時鐘方向轉成直立；而為他人占卜時，則以逆時鐘方向來轉成直立。

2. 接下來，就是將牌正確的放在牌陣的位置上。目前大家常用的方式有兩種，一是抽牌，另一則是數牌。其實說穿了，就是由誰來選擇所要呈現的塔羅牌，抽牌是由問卜者自行抽選，而數牌則由占卜師用古法計算張數。

    （1）直接抽牌法：問卜者從占卜師展開的扇形牌面中，用左手挑選出牌卡，遞給占卜師後，再由占卜師翻開牌卡。

    （2）古法數牌法：由占卜師按照牌陣中的步驟，自整疊塔羅牌頂端開始數，將所需的牌卡挑出來，放置於牌陣中的位置。

3. 最後翻開在每一個牌陣中的塔羅牌，就可以知道你想詢問題目的答案了。按照各牌陣的占卜流程去執行，反覆練習，相信你就能越來越順手。

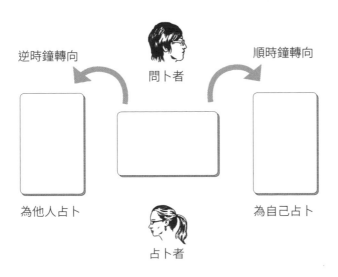

逆時鐘轉向　　　　　　　　　順時鐘轉向

問卜者

為他人占卜　　　　　　　　　為自己占卜

占卜者

達利塔羅牌
Dali Universal Tarot

作者：Juan Llarch & Salvador
　　　Dali
發行：U.S. Games

達利，西班牙藝術家，超現實主
義派的主要人物之一，研究變
態心理學和夢的象徵性，後期
專心致力於象徵手法的宗教畫。
這副達利塔羅牌是西班牙在他
八十冥誕時出版發行的，作為
紀念他的作品，設計成大尺寸，
並在側邊燙金。

金色波提且利塔羅牌
Golden Botticelli Tarot

作者：A. Atanassov
發行：Lo Scarabeo

波提且利是義大利文藝復興時
期的藝術家，他最有名的畫作
是〈維納斯的誕生〉，所以在
牌中也可以看到很多神話人物，
除了帶出濃濃的中世紀風情之
外，在實際占卜上也可以運用
這些歷史故事輔助解讀。

金色克林姆塔羅牌
Golden Tarot of Klimt

作者：A. Atanassov
發行：Lo Scarabeo

克林姆是一位奧地利畫家，是
維也納分離派的主要大師。作
者運用大師克林姆的畫風創作
了這副牌，其中有幾張牌就是
仿照克林姆大師的原作。為了
配合畫作，有些塔羅角色換了
名字，但作者還是有注意到所
要傳遞的訊息。

和諧塔羅牌
Harmonious Tarot

作者：Walter Crane & Ernest Fitzpatrick
發行：Lo Scarabeo

結合馬賽與偉特塔羅牌的特色，有著中古世紀的
浪漫新藝術風格，充滿天使、花草樹木、英式維
多利亞的浪漫風情，就連牌中的角色人物也都是
穿著由花卉妝點出來的服飾，把我們一瞬間帶進
美麗的夢幻花園裡。

丹尼洛夫塔羅牌
Tarot by Alexander Daniloff 2012

作者：Alexander Daniloff
發行：個人創作

將星座、神話、元素符號等素材結合奇幻風格，
處處是驚奇，處處隱藏著玄機，讓我們去體會繪
畫者當下的感受。丹尼洛夫塔羅牌還另外附送了
兩組 8 和 11 的牌，對應偉特及馬賽系統，可以
在占卜時選用自己習慣的系統來進行解讀。

慕夏塔羅牌
Tarot Mucha

作者：Giulia F. Massaglia &
Barbara Nosenzo
發行：Lo Scarabeo

這副塔羅牌表現出慕夏畫作中
透出曙光般的清新之美，是以非
凡靈感向慕夏致敬的藝術之作。
透過塔羅牌的舞臺，永恆的智
慧和人類靈魂相互認識、了解，
喚醒我們對美的記憶，以及將
藝術融入生活的重要性。

透明塔羅牌
The Transparent Tarot

作者：Emily Carding
發行：Schiffer Books

利用最簡單、最單一的圖像來
結合牌義，七十八張牌的畫面
可以相互聯繫，再加上採用透
明塑料材質製作，使得每張牌
又能彼此層疊出無限組合，不
僅能讓初學者輕鬆解讀，還可
以觸發對圖像的無限想像，有
助於冥想和治療。

稜鏡塔羅牌
The Prisma Visions Tarot

作者：James R. Eads
發行：個人創作

極富想像力、凝聚力和迷人的
藝術作品，遵循經典的塔羅牌
象徵，以手工繪製，極富創意
與超現實風格，從中可以看到
纏繞的現在和窺視未來的圖像。
將各牌組的元素小牌連接起來，
可以看到一幅全景畫喔！

宇宙塔羅牌
Cosmic Tarot

作者：Norbert Losche
發行：U.S. Games

難得有塔羅牌是以現代風格服飾來做呈現，繪畫
上保留了畫筆的觸感，再配上淡淡的墨水漸層，
有一種美式古老好萊塢明星畫報的感覺，而牌中
人物也有一種在把塔羅牌當成表演舞臺的感覺，
透過現代歌舞劇讓我們感受牌中的語言。

家庭主婦塔羅牌
Housewives Tarot

作者：Paul Kepple & Judy Buffum
發行：Quirk Books

有別於一般塔羅牌的包裝，這副塔羅牌偽裝成家
庭主婦們的食譜箱子，打開包裝後很像是一個小
型的資料檔案夾。整副牌是在敘述一位名叫露易
絲的家庭主婦的故事，透過塔羅牌來觀察她的家
庭主婦生活，牌中的圖案與元素也都是居家用品
喔！

請掃描 QR code 欣賞各式塔羅牌

59

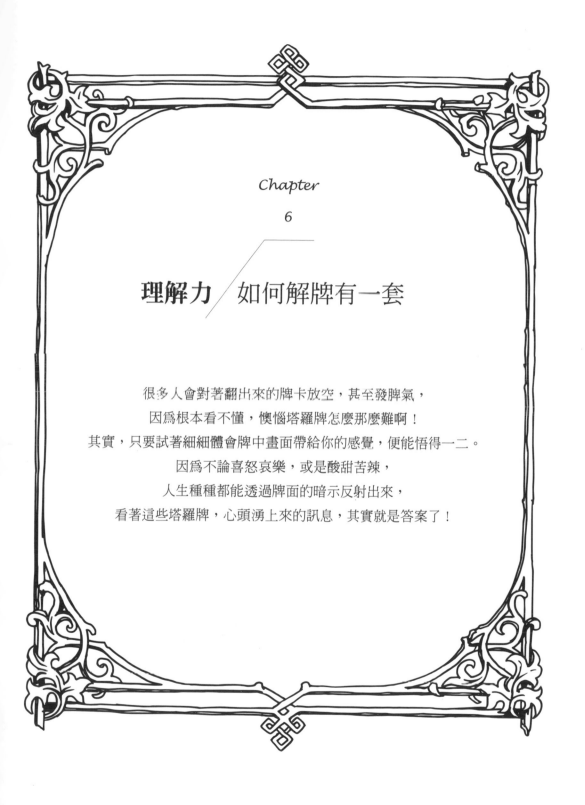

Chapter

6

理解力 / 如何解牌有一套

很多人會對著翻出來的牌卡放空，甚至發脾氣，

因為根本看不懂，懊惱塔羅牌怎麼那麼難啊！

其實，只要試著細細體會牌中畫面帶給你的感覺，便能悟得一二。

因為不論喜怒哀樂，或是酸甜苦辣，

人生種種都能透過牌面的暗示反射出來，

看著這些塔羅牌，心頭湧上來的訊息，其實就是答案了！

解讀塔羅牌的過程中，交流溝通是很重要的一環，能獲取越多的資訊將能幫助我們做出越正確的解讀，就好比看病求醫，醫生總是會先詢問你哪裡不舒服，如果你告訴醫生：「我就是來讓你看看知不知道我哪邊有問題呀！」我想這樣的回答就算神仙也難救吧！相反的，若能越精確的描述病症，醫生也就越能對症下藥，讓你趕快好起來！

塔羅解讀也一樣，透過翻出來的牌卡，可以看到問卜者當下潛意識所反射出來的問題，但因為塔羅牌給人一種未知的神祕感，有些人會在不知不覺中對塔羅牌或占卜師有所防備，甚至想要考驗塔羅牌或占卜師的功力，故意隱匿不說，看看占卜師能不能在這樣的狀態下說中些什麼。

請千萬別這樣做！

若是抱著想要測試人的心態，就是對占卜者的不信任；若是抱著只想玩玩的心態，就是用自己的人生開玩笑。就讓自己敞開心胸，正確的和塔羅牌互動，和善的和占卜師或自己對話，這樣才能平心靜氣看著你所抽出來的塔羅牌，觀察牌中的圖案、人物，了解塔羅牌的關鍵牌義，進而對應自身問題，反覆思考推敲。

有了正確的心態，相信你一定能從塔羅牌中找到指引。別躲在安慰的話語背後，是時候讓塔羅來告訴你實話了。

讓塔羅指數幫你破題——牌義快速查詢法

不論你現在是不是學生，只要說到考試，大家都很煩心，但如果這次的考試能 open book，是不是就會比較安心呢？感覺能順利過關的機會就大多了吧！

翻書找答案確實輕鬆多了，而本書也有這樣的功能喔！

當你翻開桌面上的牌卡，面對著漂亮的圖案與角色，卻一頭霧水不知從何下手時，請直接根據每一張牌的名字，翻到 Chapter 7〈找答案：了解塔羅說什麼〉單元，對應每張塔羅牌所顯示的塔羅指數，就可以找到提示。因為我已經先幫大家截彎取直、闢出捷徑，將感性面問題（愛情、人際關係等）及

理性面問題（事業、財運等）以五顆星的方式標示好壞，再加注重點提示，讓你能快速理解你所抽到的塔羅牌。這種破題式的直切重點，是不是很容易上手呢？

先迅速解開問題的癥結，等於踏出成功的第一步，再繼續探究問題所延伸的枝節，就能看清事情的全貌。

活用關鍵字延伸

其實，學習塔羅牌真的沒那麼難，因為塔羅牌就是一種神祕學的語言，也就是解讀我們內心潛意識的語言。

這樣說好了，塔羅牌就像各國語言一樣，中文有ㄅ、ㄆ、ㄇ、ㄈ，英文有A、B、C、D，想要學好語言，總得先搞懂語文的基本構成，以拼音文字來說，就是字母，先學會字母，再拼出文字，接下來就能組合成句子，再進一步構成一篇文章，最後就能變成我們溝通的工具。不妨將七十八張牌想成七十八個字母，如果能夠了解這七十八個字母，就能一步步參透其間奧義了。

那麼，七十八張塔羅牌的字母是什麼呢？就是每張牌的關鍵字。在我自學塔羅牌的過程中，深深體會到，了解每張牌的關鍵字是接觸塔羅牌的必經過程，絕對不能忽略。哇！既然這麼重要，是不是該背起來？其實也不用那麼緊張，就如同前文所言，塔羅牌是一個開放的工具，你可以一邊參考書中的關鍵字組，一邊細細欣賞牌卡的畫面，就能慢慢找出最切合當下問題的字詞。試想，如果七十八張牌都化為一個字詞，是不是也不過七十八個字詞而已，是不是頓時變得容易多了呢？

面對困惑，面對未知，只有發問，才有機會找到答案。挑選關鍵字的時候，

請再三想想自己的問題與處境，透過自身經驗的投射，可以幫你找出相呼應的字詞。對你來說，因為切身相關，應該十分容易記憶，以此類推，七十八張塔羅牌就都能找到方便你記憶的關鍵字了。接著就能運用這些關鍵字，發揮一下自己的想像力，來為自己想一個句子，為這張牌卡說一段故事。

舉個實際的例子。以「魔術師」這張牌來說，關鍵字是「創造」、「開端」、「起源」等，意思就是指一切新事物的開始，你可以圍繞著「新」這個字來發想。現在，你看著「魔術師」這張牌試著這樣想：

魔術師會在哪裡展開新花樣？

對應：

_____

（我自己身處在什麼樣的環境呢？）

他會用什麼新方式展開？他有什麼東西可以幫助他？

對應：

_____

（我該怎麼做呢？有人站在我這邊嗎？）

Tips

該用哪個關鍵字？

常常有讀者或塔羅牌課程的學生詢問我：塔羅書中總是有一大堆關鍵字，我們怎麼知道什麼時候該對應哪一個字組呢？這是一個好問題，也確實需要一點經驗和技巧，不過也不需要太煩惱，其實此時只要再回想一下占卜的題目就好。就和面對考試卷的選擇題一樣，如果對選項感到猶豫的時候，你會怎麼做呢？是不是會回頭再次檢視一次題目呢？沒錯，靜下心，好好順一次題目，就會知道該選擇哪一個選項。面對塔羅書中眾多的關鍵字也是這樣。

建議你在進行塔羅占卜的時候，將這一張牌所有的關鍵字都朗讀出來。透過朗讀，能幫助專注，並讓思路活化。現在就試試看吧！你會發現，問題所對應的關鍵字就能呼之欲出。

他會變出什麼？有什麼舊本事，還是新技能？桌上的是他使用的道具嗎？

對應：
_____

（我自己有什麼特質？我有什麼優勢？我身邊有什麼資源？）

他正在進行一場新表演嗎？有沒有觀眾在看著他呢？

對應：
_____

（這件事已經成形了嗎？可以在什麼時間點進行呢？）

透過這樣的關鍵字延伸，能讓你打開想像力，清楚了解塔羅牌裡面的訊息，進而也就能發現到對應問題的答案了，是最好的解牌方式。

解讀圖像元素的祕密

解讀塔羅牌時，還有一個不容忽略的重點，就是隱藏在牌面的各種圖案。每個不同的圖案都會讓我們產生不同的反應，比如馬路上的交通號誌和標誌，當我們看到紅燈，會自然而然的停下腳步，看到三角形就會覺得是警示的意思，已然成了一種制約模式，而塔羅牌中也有這樣的圖像元素喔！

❧ 看哪裡？怎麼看？ ❧

塔羅牌經過時間的演化，占卜師們把古老的智慧，以及想要告訴我們的訊息，都設計到每一張塔羅牌中，無論是人物、角色、風景等都是我們必須去觀察的地方：

- 主角人物的樣貌、服裝、表情、肢體動作。
- 所在的場景、背景、建築物與大自然風景。
- 配角的互動與數量、人物或動物。
- 出現在牌中的物品及其前後左右。
- 其他象徵符號、圖像、色彩給你的感受。

牌面上每一個物件都有它的意涵，當我們翻開牌卡的那一瞬間，這些圖像符號就像是在提醒著我們：雖然環境的變遷會讓我們漸漸忽略一些聲音和訊息，但從現在開始，該留心某些事物了。

就如同在冷氣房待久了，耳朵會逐漸適應機器運轉的聲音，後來就彷彿沒聽到那些低鳴了，但冷氣並非停止運轉，只是我們沒留意罷了。此時，就需要透過塔羅牌的這些圖象，精準捕捉出一些蛛絲馬跡，讓你好好提醒自己，什麼是你現在忽略的狀況，進而精準分析問題。

❧ 注意頻頻出現的相同元素 ❧

如果你是使用完整七十八張塔羅牌來進行占卜，或許在牌陣中就會顯現出元素牌，若你發現無論在什麼樣的牌陣中，老是出現相同的元素，比如出現錢幣的某幾張牌，或是讓你拿到好幾張聖杯，這就表示有特別的訊息要告訴你，必須特別注意。因為火、水、風、土是塔羅牌中的重要元素，不斷重複出現就是要提醒你現在所受到的干擾。

先注意並了解重複出現元素的示警，再與所抽選到的塔羅牌訊息做相互聯想，會讓解讀更加精準，也更能針對問題給予適切的建議。

重複元素所代表的意義如下：

- **權杖（火）：要特別留意關於行動、能量、挑戰、生命力。**
- **聖杯（水）：要特別留意關於愛、需求、心靈滿足、感受力。**
- **寶劍（風）：要特別留意關於溝通、思考、信念、意志力。**
- **錢幣（土）：要特別留意關於真實、錢財、物質、掌控力。**

在 Chapter 7〈找答案：了解塔羅說什麼〉的牌義講解之中，會將每張牌的元素、符號及圖案所代表的意義告訴大家，幫助你解讀問題的訊息。

逆位牌（倒牌）的運用

塔羅牌中的逆位牌（逆位置），或稱為倒牌，就是指我們翻開塔羅牌後，圖像和文字不是正立的狀態，最簡單的分辨法就是文字是倒反的。

如果要使用塔羅牌逆位解讀，就維持塔羅牌相反的狀態；如果不使用塔羅牌逆位解讀，就直接把所有的牌都翻回正位即可。

至於要不要使用逆位牌，一直都是占卜師們不停探討的話題。就如同先前告訴大家的，塔羅牌的使用方式沒有嚴格的規定，你可以自行決定是不是要採用逆位解讀。

使用塔羅牌逆位的優點是，逆位置會顯示出一些不同於正位置的訊息，有可能是加強，也有可能是相反，逆位置的出現讓我們多了一些思考的空間，多觀察牌中的圖案會看到不同於正位的意義，例如桌子上的東西若反過來就會掉在地上，而插著的劍若倒過來，會讓人感覺被拔出來了。

由此可知，塔羅牌逆位並不只是在牌義或關鍵字前加上「不」，一概給予否定，因此有些占卜師認為初學者可以先不要使用逆位解讀，因為無論是正位或逆位，都還是保有原本那張牌的涵義，即便不使用逆位也是可行的。

如果你想要使用塔羅牌逆位訊息來協助解讀，大致上有下列幾種解釋方法。

❦ 負面反義 ❦

這是比較簡單的逆位解讀法，但其實如此運用的塔羅牌義是比較少的。有些人會以為直接在牌義關鍵字前加個「不」就好，實際上並非如此，塔羅牌逆位雖有推翻正位意涵的作用，簡單來說就是好的變壞、壞的變好，但不是所有的牌都可以這樣解讀。既然不是簡單加個「不」，那又該如何正確看待所謂的「負面反義」呢？請掌握一個重點：逆位置塔羅牌可能象徵此牌義關

鍵字中相對負面的情緒，包括排斥、否認、壓抑、延遲、誤會、濫用等，因此在解讀的時候，還是要先回歸牌卡的訊息狀態，再做運用。

❦ 前牌延伸 ❦

塔羅牌的每一張牌看似獨立，但將每一張的畫面與畫面相連接，其實就是一個連貫的故事，所以用「前牌延伸」來解讀塔羅牌逆位的方法，就是提醒我們塔羅牌編號順序中牌與牌的關聯性。這個方法多適用於二十二張大牌，因為大牌象徵著我們的人生旅程，所以塔羅牌逆位的前牌延伸，在於問卜者可能沒有處理完上一張牌的問題，才會在這次的牌陣中顯示出塔羅牌逆位。

❦ 過與不及 ❦

有時，塔羅牌逆位會顯示出兩種極端的意義。給太多，會造成別人的壓力或負擔；給太少，又顯得冷漠或忽視；兩者都是此一塔羅牌逆位要傳遞出來的訊息。這個方法大多運用在十六張宮廷牌之中，因為每張不同位階、不同個性的宮廷牌，都能反映出最直接的情緒，向我們暗示性格的崩壞或改變。

❦ 發展個人牌義 ❦

塔羅牌的解讀沒有定論，特別是關於逆位牌。不同的人在占卜時，對每一張牌卡的畫面圖案、物件、角色都有著自己的經驗感受，因此會呈現出不同解答，千萬不要妄下定論，因為隨著每個人不一樣的生活背景，自然就會對應出自己能接受的牌義。

請謹記一個要點：讓自己體會感受，也就是**相信自己的直覺**！因為已有太多框架的你，漸漸忽略了身體、記憶、情緒、體驗給你的聲音，在不知不覺中就以慣有的方式處理生活中的大小事，既然你在此時想要接觸塔羅牌，冥冥之中塔羅便是在提醒著你，不妨讓自己回歸。在使用塔羅牌的過程中，沒有順序，沒有對錯，沒有好壞，就跟隨你的感覺，透過問題、牌陣、關鍵字，經過多次練習和觀察，一定能從塔羅牌的訊息中組合出你要的指引！

哪裡不一樣？教你找出核心牌

在多年的塔羅占卜經驗裡，發現了幾個大家常見的疑惑：翻開這麼多張牌之後，到底要從哪一張開始解呢？除了依照牌陣一張張往下解讀釋義，找到牌卡的訊息答案之外，是不是有什麼祕訣可以加速了解塔羅牌對應問題的方法呢？

確實是有的！請仔細觀察你眼前的牌卡，在牌陣之中有沒有發現什麼不一樣？諸如牌卡的正逆位、大牌的張數、牌卡數字牌和宮廷牌的數量等，而這一些細微之處，正隱藏著塔羅解牌的祕密！

找出這一張「核心牌」，就能先精準的把問題剖開，接著就能快速直達核心，瞬間搞懂問卜者卡住的盲點。簡單來說，就像是一篇文章的標題，一個好的標題可以點出文章的靈魂內涵，迅速吸引閱讀者的目光，也能在最短的時間內精確表達出想說的話。

所以，當你找到塔羅牌陣中的「核心牌」之後，就等同於抓住了重點摘要，能先破題看穿問題的輕重緩急。接下來，不論是運用哪一種牌陣，依序對應牌卡所在的位置，一張一張的連貫釋義，就能找出問題的解答，進而給予建議及參考。有了「核心牌」的協助，你也就能找到屬於自己的解讀節奏了。

說起來似乎容易，做起來難不難呢？其實就在於「用心」和「留心」而已。有了這兩種心，再加上勤加練習，就能逐漸掌握找到核心牌的技巧。在這裡，我先來跟大家分享一下找出核心牌的四大祕訣。

找核心牌時，其重要性的順序如下：

第一順位：正、逆位所顯現的數量

第二順位：好壞的意義、背景色彩的強弱

第三順位：二十二張大牌或五十六張小牌的比例

第四順位：火、土、風、水四大元素的差異

黃背景：光明

藍背景：平靜

灰背景：過渡

黑背景：沉重

❧ 第一順位：正、逆位所顯現的數量 ❧

在解牌前，請先環顧一下整個牌陣，看看有哪幾張牌是與眾不同的，可以先從那些牌來做破題解說。而在一個展開的牌陣之中，最能一眼清楚看出來的就是正、逆位的狀況。若以三張牌的聖三角牌陣（時間之流占卜法）來說，若有兩張正位牌和一張逆位牌，而「核心牌」就會是逆位的那張喔！如果是張數較多的牌陣，也可以從正、逆位為少量者來進行判定。再次提醒你，**找出核心牌，就是要找出牌陣中不一樣的那一張牌。**

❧ 第二順位：好壞的意義、背景色彩的強弱 ❧

如果牌陣中的所有牌卡都是正位，或都是逆位時，可以運用核心牌的好壞意義及背景色彩來幫助思考。

每個人對好壞的判別標準不同，再加上有些牌卡的好壞定義比較抽象，有時候會很難判斷。此時，牌卡的背景色就具有相當重要的輔助功能。我以偉特塔羅牌的背景色彩來舉例，你就能比較容易了解。在傳統偉特塔羅牌之中，分成四種顏色，**由「好」到「壞」分別是黃、藍、灰、黑**，分別代表了不同的環境狀態，如下圖所示。另外，我也將所有牌卡色系做一整理，方便你一目了然（見 71 頁）。

❧ 第三順位：二十二張大牌或五十六張小牌的比例 ❧

若目前使用的牌陣中，正、逆位相同，背景色彩也相同，那就要來比較大牌和小牌的比例了。若以三張牌的聖三角牌陣（時間之流占卜法）來說，三張牌卡中有兩張小牌，卻只有一張大牌，這就是不一樣的地方，那麼這張大牌就是這次占卜的核心牌了。

傳統偉特塔羅牌背景色彩意義一覽表

黃

大牌：愚者、魔術師、女帝、皇帝、戀人、戰車、力量、正義。
小牌：寶劍 7、權杖 3、權杖 4、聖杯 9、錢幣 9、錢幣隨從、錢幣騎士、
　　　　錢幣王后、錢幣國王。

藍

大牌：女教皇、隱者、命運之輪、星星、月亮、太陽、審判、世界。
小牌：寶劍 2、寶劍 5、寶劍隨從、寶劍騎士、寶劍王后、寶劍國王、權杖 5、
　　　　權杖 6、權杖 7、權杖 8、權杖 9、權杖 10、權杖隨從、權杖騎士、
　　　　權杖王后、權杖國王、聖杯 2、聖杯 3、聖杯 4、聖杯 6、聖杯 7、
　　　　聖杯 8、聖杯 10、聖杯騎士、聖杯王后、錢幣 2、錢幣 10。

灰

大牌：教皇、吊人、死神、節制。
小牌：寶劍 1、寶劍 3、寶劍 4、寶劍 6、寶劍 8、權杖 1、權杖 2、聖杯 1、
　　　　聖杯 5、聖杯隨從、聖杯國王、錢幣 1、錢幣 3、錢幣 4、錢幣 6、
　　　　錢幣 7、錢幣 8。

黑

大牌：高塔、惡魔。
小牌：寶劍 9、寶劍 10、錢幣 5。

註：皇帝為紅及黃色線條組成，色彩偏橘紅。

❧ 第四順位：火、土、風、水四大元素的差異 ❧

在前文「解讀圖像元素的祕密」中曾經提到：若牌卡出現相同的元素，便是需要留意的重點。在核心牌的運用中也是如此。但是，要在前三個順位都無法判定後，才會靠元素差異來確定核心牌。

❦ 找出核心牌練習題 ❦

【問題】

是不是要跟目前交往的對象繼續發展下去？

【抽牌結果】

運用排陣：聖三角牌陣

【解析】

三張牌分別為月亮（正位）出現在「過去」的位置，戀人（逆位）顯示出「現在」的狀況，隱者（正位）則可以預測「未來」的發展。你找到其中不一樣的地方了嗎？是不是一眼就看到出現逆位的戀人牌呢？是的，這張不一樣的牌代表著十分重要的訊息，也就是我一直強調的核心牌。

戀人牌的逆位關鍵字為「選擇」，清楚指出兩個人對愛情的看法不同；再加上過去的位置上出現了月亮正位，其關鍵字是「不安」，由此看來，兩人在最近這三個月裡，對於彼此愛情的不安全感加深；而在未來的位置上出現了隱者正位，其關鍵字是「指引」，說明了未來如果兩個人不去內省調整，還是自顧自的做自己想做的事，有可能就會漸行漸遠了。

白貓塔羅牌
Tarot of the White Cats

作者：Severino Baraldi
發行：Lo Scarabeo

作者運用巧思把人轉化成貓了！除了愚者是狗，其他則視角色的特質變化成不同的貓，有些貓是以真實的形態出現，有些又以擬人化的方式來繪製，相當有趣。整副牌以白色貓咪為主軸，因此在畫面上顯得特別明亮溫和。

蛻變塔羅牌
The Chrysalis Tarot

作者：Holly Sierra & Toney Brooks
發行：U.S. Games

這副塔羅牌由心靈出發，有意識的整合理性與潛意識，使之變成意識，再進一步產生行動。通過藝術和原型（心理本能）的啟發，經過時間的考驗和自我的選擇，就能破蛹而出，幻化為不同的蝶！

神奇奧義貓塔羅
Mystical Cats Tarot

作者：Lunaea Weatherstone & Mickie Mueller
發行：Llewellyn
　　　（繁體中文版由商周出版）

透過貓咪的原始形態，以及自然生活樣貌，來詮釋每一張塔羅牌中的主角特性；小牌中的四大元素則對應地球、海洋、火和天空。帶你感受貓科動物的野性之美和神祕魅力，並提供古老卻永恆的智慧，這就是神奇奧義貓塔羅的神奇世界。

波西米亞貓塔羅牌
Baroque Bohemian Cats' Tarot

作者：Alex Ukolov & Karen Mahony
發行：Magic Realist Press

以擬真畫風繪製出貓咪的靈性和貓毛的柔軟樣貌，相當令人讚嘆！以貓咪擬人化的方式詮釋偉特塔羅牌中的角色，每張牌都超級可愛，再加上濃濃的波西米亞風格，更添精緻華美的異國風情。

草本塔羅牌
Herbal Tarot

作者：Candice Cantin & Michael Tieris
發行：U.S. Games

以植物療效、精油香氛的角度來繪製塔羅牌，訴求療癒心靈的效果。事實上，草本塔羅牌整體看起來確實是令人相當放鬆喔！保留了色鉛筆的線條筆觸，並讓大面積色塊填充整個畫面，這樣的簡單手法讓視覺上相當舒服。

請掃描 QR code 欣賞各式塔羅牌

哈迪塔羅牌
Hardy Tarot

作者：Colleen Hardy
發行：個人創作

美麗的插圖讓人想到維多利亞時代的優雅，跟隨著托特塔羅牌的構圖腳步，加入獨特的溫柔自然元素，舒服的筆觸將原先強烈的托特系塔羅做了全新的詮釋。運用象徵元素來表達想法，細膩的畫風將每一張牌卡的細節都表現得很精緻。

水晶獨角獸塔羅牌
Crystal Unicorn Tarot

作者：Pamela Chen
發行：個人創作

讓奇幻的獨角獸來扮演每張塔羅牌中的主角，以水彩的渲染勾勒出簡單的線條，並以大範圍的留白讓重點更加凸顯；而童趣的手工繪畫質感，讓我們漸漸想起小時候的純真與滿足，為這副塔羅牌注入一股歡樂能量。

靈魂之歌塔羅牌
Spiritsong Tarot

作者：Paulina Cassidy
發行：U.S. Games

將七十八隻動物與生俱來的獨特力量與經典塔羅牌相互結合，並特別選擇薩滿教的象徵，運用溫柔的筆觸來表現每隻動物的真實樣貌，不僅畫面雄偉壯麗，還表現出人與動物相連的精神與情感，給你不同的體驗和感受。

動物圖騰塔羅牌
Animal Totem Tarot

作者：Leeza Robertson & Eugene Smith
發行：Llewellyn

專為喜歡動物的占卜者所設計，讓大家在運用塔羅牌的同時，可以從動物原本的樣貌去感受動物夥伴的野性之美。保留傳統塔羅牌的架構和元素的完整性，所以依舊可以從中清楚看到塔羅元素，再輔以對動物原始習性的聯想，讓占卜過程宛如徜徉自然生態之中。

行者塔羅牌
The Linestrider Tarot

作者：Siolo Thompson
發行：Llewellyn

溫柔而天馬行空的設計，佐以美麗的極簡藝術和意象，讓水彩色墨如同跳舞般自由揮灑，透露出動物和人類的意識和潛意識的交融。從動物意象中汲取靈感，展示重要的原型，並提醒我們聆聽大自然的引導！

請掃描 QR code 欣賞各式塔羅牌

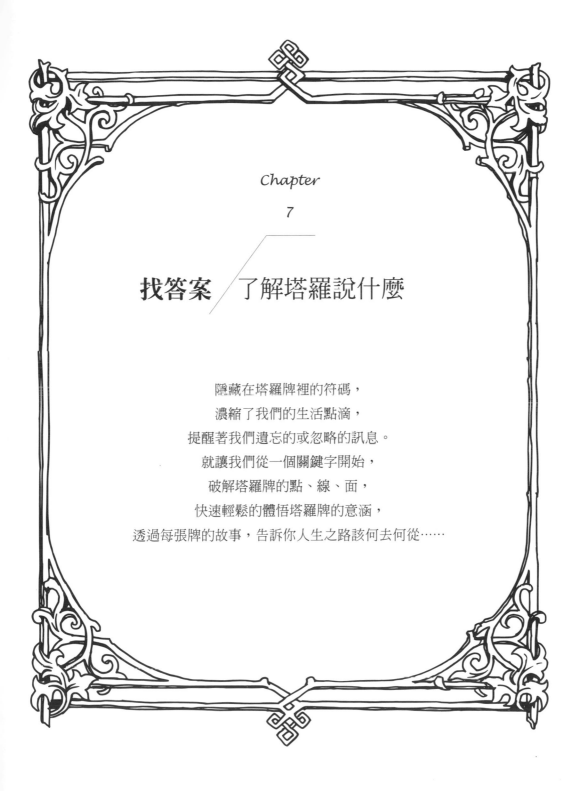

Chapter

7

找答案／了解塔羅說什麼

隱藏在塔羅牌裡的符碼，

濃縮了我們的生活點滴，

提醒著我們遺忘的或忽略的訊息。

就讓我們從一個關鍵字開始，

破解塔羅牌的點、線、面，

快速輕鬆的體悟塔羅牌的意涵，

透過每張牌的故事，告訴你人生之路該何去何從……

體驗人生
大阿爾克納愚者之旅

THE FOOL.

我們的一生總是會經歷各式各樣的事情，體會箇中千滋百味，而塔羅牌已把人生中的各種歷練、心境和轉化都濃縮到大阿爾克納二十二張牌中。讓我們跟著塔羅牌的腳步，從象徵新生兒的「愚者」開始，步步前行，一起感受人生滋味，領悟人生道理。

當然你也可以對應你所經驗的生活，把你的所見所感與塔羅牌中的角色、訊息結合，找出你現在生命途中所在的位置，這樣你就會更了解塔羅牌要告訴你的提醒。

❧ 啟程 ❧

剛誕生在這個世界的「愚者」，擁有純淨的靈魂，甫從睡眠中甦醒，睜開朦朧雙眼，迎向嶄新的一天，然後便展開新的旅程。在這段路途中，愚者首先遇上了「魔術師」。這位魔術師讓愚者見識到運用環境元素創造出萬物的知識與技能，進而體悟了面對生命的力量。獲得技術的愚者，現在才算踏上旅程真正的開端。

接著他看到了「女教皇」。擔任與神溝通一職的她，透露出真理是需要沉靜的大智慧才能了解，並諭示內在平靜共處的重要性。再來愚者接觸了體現女性母親能量的「女帝」，讓他感受到付出與奉獻的熱情。經歷過溫暖的母愛，接著他遇上的是象徵權力的「皇帝」，這是父親的原型，亦是嚴厲的規定與權威的律法，透過皇帝，讓愚者知道要對自己的所作所為負責。然後碰上能教導他、教育他的「教皇」，指引他如何尋找正確的人生方向。亦師亦友的

THE MAGICIAN.　THE HIGH PRIESTESS.　THE EMPRESS.　THE EMPEROR.　THE HIEROPHANT.　THE LOVERS.　THE CHARIOT.

教皇給了他很大的幫助。

而「戀人」為他帶來了一段愛情，體會什麼是愛、如何跟伴侶相處、如何選擇、如何下決定。但初嘗愛情滋味的愚者，緊接著卻要面臨「戰車」所帶來的挑戰。坐上戰車的愚者，象徵長大了、成熟了，正要離鄉背井面對未來的考驗，以自信與力量駕馭問題與矛盾，獲得勝利的成果。

❧ 轉化 ❧

明顯感受到外在成功的愚者，慢慢發現自己內心的空虛，接著他看到了以柔克剛、制服獅子的女子，這就是「力量」為他帶來克服恐懼的自我發現。於是愚者決心去找尋更高的智慧與生命解答，化身「隱者」，體驗孤獨，與自己內在對話，進而得到領悟。

在成為隱者的過程中，他慢慢了解到生命的循環，就如同「命運之輪」般不斷轉動，時好時壞，起起落落，是生命個體所無法掌控的。當愚者透徹明瞭了這樣的法則後，遇上了「正義」。這位女神要愚者做出誠實的選擇，而他能不能平衡自己的過去與未來，知道自己想要什麼，繼續生命的旅程呢？

還無法下決定的愚者，就讓自己先倒吊著成為「吊人」，想用另一個視野來看世界，在這樣的作為之中，發現了大愛付出的意涵，同時也找到了自我價值。

當愚者好不容易搞懂這一切，就碰上了「死神」，要他放棄守舊、接受結束，才能明白真正的釋放與重生。愚者面對死神的測試，他已經死過一次了！天使伴隨著這張「節制」出現，要告訴他平安喜樂的意義就是去適應與妥協，唯有透過這樣的自我調整，才能感受祥和安寧。這麼做果然讓愚者回復到原

先的內在平靜，保持中立的去回應生命接下來的訊息。

❧ 覺醒 ❧

愚者才剛覺察到自我由內而外的改變，即將回歸物質世界，卻被「惡魔」所誘惑。因為沒有正面迎戰過自己的心魔，沒有經過控制欲望和克服自身恐懼的歷練，就無法真正了解真實的自己。但愚者無法淡定面對這些壓力，痛苦如同一道閃電朝他打來，崩解的「塔」就像是自己，毀滅才能得到解放，才能體會真正的自由。

愚者混亂的內心如同受到暴風雨侵襲一般，但總有雨過天晴的一天，經歷了重大變革的愚者，接下來感受到的是「星星」帶來的寧靜與希望。從塔上彈飛的他，接受星星的療癒，為他注入全新的生命之水，要他重新感受。

在一旁的「月亮」加強了愚者心靈的力量，要他記起自己的這段路程，是多麼的充滿回憶、情感滿溢，無需瞎操心，只要相信直覺、相信本能就可以突破。愚者經過了一夜的沉潛，接下來迎接他的是充滿活力的「太陽」。這自然而然灑落的光明，為眾生帶來能量，也讓生命充滿希望，處處洋溢著快樂與滿足。

遠方傳來的號角聲，是「審判」提出的最後警醒，讓愚者了解原來這趟旅程是要召喚內心的聲音，只要追隨這個信念，體會長久以來存在的初心，就能讓自己產生力量。實現這段旅程的愚者，最後終於了解了生命運作的圓滿——原來「世界」就在自己的心中。明瞭這個道理，人生就不再憂愁、煩惱，因為美好早就存在於每個人的身上，每個人都能自在舞動，都能活出自我。

THE DEVIL. THE TOWER. THE STAR. THE MOON. THE SUN. JUDGEMENT. THE WORLD.

0

———

The Fool

———

愚者

冒險

最純真的勇往直前。也許偶爾會失去控制,衝動的呼應本能所需,呼喚回歸內在的那個部分,是一種真、一種放空與歸零,卻可以讓我們看清自己是誰!

塔羅牌中編號「0」的「愚者」,代表的是流浪,象徵旅行。愚者是沒有拘束的,是充滿冒險精神的,有無限的可能,其純真、天真的想法為很多事帶來新意。

愚者已經不在乎世俗的眼光,散發出令人羨慕的自信。有才華卻不為名利而鬥爭,不計得失榮辱,無牽無掛,或許想法已經超越我們所知的,所以難以妄下定論,但也不敢輕易行動。愚者象徵著因夢想而偉大的努力,別人理解與否,似乎不是那麼重要了。

從圖像元素看牌義

牌中的元素	要告訴我們的意義
棍棒上的包袱	帶著經驗去行動
懸崖	看得見的危險
衣服上的紅花、太陽	熱情與生命力
手上的小白花	我們所擁有的天真
吠叫的狗(或其他動物 ex. 貓、老虎、龍等)	警告小心的本能
鮮豔的衣服、頭飾及配件	期待引人注目
破損的衣角	不拘小節的自在

註:牌中文字於馬賽塔羅是「LE‧MAT」,於托特塔羅是「The Fool」(愚人)。

✤ 「o・The Fool 愚者」塔羅指數 ✤

牌的建議
正位★★★★：不受拘束，勇於冒險，發揮創意去追求新奇的夢想吧！

逆位★★☆：不安定，孤注一擲會失敗！要有耐心，累積實力，才能朝夢想前進！

環境狀況
正位★★★：不拘泥於傳統思想，大無謂的行為會讓周遭的人擔心。

逆位★★☆：沒有目標的行事，別人覺得你行為怪異，無法跟你溝通。

關於愛情
正位★★★★：可以追求自由、天真、浪漫的理想愛情，會帶來意料之外的體驗！

逆位★★：陷入盲目的愛情，逃避現實，是一種不成熟、不負責任的行為。

關於事業
正位★★★☆：挑戰新工作，迎接意想不到的成功，體驗很多新事物的美好！

逆位★★：不安定的躁動，太過懶洋洋，要知道天底下沒有什麼事可以不勞而獲。

關於財運
正位★★★★☆：不會為金錢的問題煩惱，可以盡情化用，但請斟酌。

逆位★★☆：雖然有錢，但要相信別人的意見，才不會有不必要的支出。

✿ 倒牌逆位的意義 ✿

當愚者出現逆位的時候，表示狀況外、過分誇張、盲目的、逃避現實，都是這張牌要傳遞給我們的訊息。或許這時候的你，因為種種外在因素導致無法看透事情的本質，所以橫衝直撞，想到什麼做什麼，急於表現出最真實的情感。

要當心衝動之下的決定，是我對愚者逆位置的總結。我覺得愚者是一張很可愛的牌，天真的、勇往直前、異常樂觀的去追求自己的理想，如果你身邊有這樣的朋友，我想你應該會跟我一樣，發出會心一笑，為他送上祝福吧！但逆位則反之，凡事多想想，別鑽牛角尖，讓自己平穩度過衝動的關鍵點，就能安然無事了！這張牌逆位置就是告訴你：別讓負面情緒影響到你，讓你做出一些不像自己的行為舉止。

打破框框
孟小靖的塔羅
擴大想像解牌法

把畫面拉到廣闊的郊外，讓自己站在山頂，三百六十度環視身邊的美景，想想愚者正抱著怎麼樣的心情、正要前往何處，若是你要踏上一段未知的旅行，心裡是不是既期待又擔心？現在的你，是不是早已失去純真的心？應該找個機會讓自己休個假，或是跨出你習慣的舒適圈。
逆位則反之。想像一下，人物從腳踏實地的狀況掉落，這不就是顯而易見的危險嗎？如果硬是為了做而做，不就太過情緒化了嗎？

THE MAGICIAN.

1

The Magician

魔術師

關鍵字
創造

　　最新鮮的組合應用。告訴我們沒有什麼是不可能的，人生中的所有訓練與準備就是為了創造，就讓意念穿過我們的身體，透過雙手使夢想實現吧！

　　塔羅牌中編號「1」的「魔術師」，代表的是創造，也代表開始。在這張牌中，魔術師擁有創造世界的四元素——火、水、風、土，以及象徵著源源不斷的無限大符號，透過這些東西，魔術師可以盡情創造。創造不僅需要魄力、決心與熱情，更重要的是勇敢踏出第一步。

　　快展現出你敏銳的判斷力和堅定的意志，去創造屬於自己的美好未來，為自己平日無趣的生活多加一點新意，讓自己的人生更豐富、更有趣。

從圖像元素看牌義

牌中的元素	要告訴我們的意義
頭上的無限大符號（如 8 橫放）	無窮盡、無限制的想法與點子
桌上的四樣物品（聖杯、權杖、錢幣、寶劍）	能運用變化的大自然元素
手上的權杖	掌握整合的力量
右手指天、左手指地的姿勢	接受上下天地的能量
紅玫瑰	熱情的愛
白百合	純潔的靈魂

註：牌中文字於馬賽塔羅是「LE・BATELEUR」，於托特塔羅是「The Magus」（魔法師）。

❧ 「I‧The Magician 魔術師」塔羅指數 ❧

牌的建議

正位★★★★★：發揮你原有的特性，專注學習新事物，創造新東西，並帶來成果。

逆位★★★☆：整合資源後，自己的意志要更堅強，千萬別優柔寡斷！

環境狀況

正位★★★★★：目標清楚明確，環境有如催化劑般強化你的幸運，有利於你。

逆位★★★：自信不足，缺乏想法，環境成為障礙，推卸責任就會影響發展

關於愛情

正位★★★★☆：遇到你心中期待的對象，重視彼此承諾，有新戀情展開唷！

逆位★★★：小心對方的甜言蜜語、虛情假意，不知對方的真實想法。

關於事業

正位★★★★★：多試變化，妥善運用組織力量，有助於開創新事業、新發展。

逆位★★★☆：心煩意亂，別想一步登天，好好的思考自己該如何安定。

關於財運

正位★★★★☆：理財技巧純熟，讓你財運大開，可試試不同的賺錢方式喔！

逆位★★：意志力薄弱的你，最近要小心用錢，建議你事先計畫，注意別入不敷出。

倒牌逆位的意義

關鍵字
習慣

　　創造，是個不容易理解又難以去實踐的辭彙。在我的解牌經驗中，當出現魔術師逆位的時候，很多人會聯想到沒創意、沒能力，當然這些成分或元素是你現在面臨到的問題，但我更相信這代表了現在的你對自己失去自信，根本無法看清自己，導致遇到問題便以過往的習慣來反應，過著一成不變的生活！

　　創造或許不容易，但其實也沒那麼難，從打破舊有習慣開始，就是踏出創新的第一步。當這張魔術師出現逆位的時候，無論面臨的是工作、愛情或其他問題，試著讓自己靜下心來，好好思考自己該從哪一個點來做改變。最重要的是，想到了就一定要去做喔！這才算是踏出了創新的第一步。

　　光用想的絕對無法成事，一定得動起來才會知道構想是否可行。當然，在我們行動的過程中，一定能發現許多新東西，卻不見得都是自己樂見的或想要的，但若能從中發掘自己不要的部分，不也是一種領悟嗎？

打破框框　孟小靖的塔羅擴大想像解牌法

正在表演的魔術師前面有多少觀眾？在他的長袍底下又隱藏了多少新奇橋段？而下一秒他又會為大家帶來怎樣的驚喜呢？桌上擺放的道具就像是隨手可得的資源，魔術師彷彿正提醒著現在的你，不妨檢視一下自己周遭的狀況，仔細想一想，搞不好就會發現有許多資源可以整合運用，就看你如何創造、如何發揮。

逆位則反之。桌面上的物品全都掉落，顯示出無法掌握資源的窘境，但若能靈活改變，彎下腰也是能將東西撿回來，照樣能變出戲法。

II

The High Priestess

女教皇

智慧

　　最平靜的直覺釋放。運用沉穩莊重的方式，洞察與傾聽世事，理解每一個人內心的存在價值，進而體會世上真理的意義！

　　塔羅牌中編號「2」的「女教皇」，傳達的是智慧，也有人稱之為女祭司，代表著處女與聖母的形象。編號 2 同時也意喻宇宙中的二元論，象徵事情的一體兩面。女教皇表面上是沉靜的、理智的，但從另一個角度來看，她是在壓抑內心的渴望，因為感性的情緒與女教皇所認同的理性是不一樣的。

　　這張牌也同時象徵著知識道德的規範，就連愛情上也是偏向精神層面的。正確的分析與透徹的思考是很重要，但是千萬別因是非過於分明而失去了體會感性。

從圖像元素看牌義

牌中的元素	要告訴我們的意義
黑白的左右柱子	陰陽、兩極的二元論
所羅門聖殿柱子上的 B（Boas）＆ J（Jachin）	象徵光明與黑暗
手中 TORA 的卷軸	握有神聖律法的奧祕知識
腳底的月亮	控制感性的情緒
頭上的月亮三女神符號（新月、滿月、殘月）	生命循環的陰晴圓缺
身後的石榴圖案	隱藏的多產、豐富

註：牌中文字於馬賽塔羅是「LA．PAPESSE」，於托特塔羅是「The Priestess」（女祭司）。

「II・The High Priestess 女教皇」塔羅指數

牌的建議

正位★★★★：擁有智慧和優秀的判斷力，適時接受感性的直覺。

逆位★★★：過與不及都不好，多聽取別人的意見，才能更理性面對。

環境狀況

正位★★★★：在這個重視精神層面的地方，應對得體的你，能獲得充分的支持。

逆位★★★☆：太過感性造成干擾，小心身邊的流言蜚語，謠言止於智者。

關於愛情

正位★★★：希望得到愛情，充滿女性感受特質，但限於精神上的戀愛。

逆位★★☆：過於理性，選擇壓抑，隱藏自己真正的情感，不願告訴別人。

關於事業

正位★★★★★：可以好好思考，現在可以做新發展，會有意想不到的好結果。

逆位★★★：煩惱理想無法順利達到，做事太過任性或過於制式、嚴苛。

關於財運

正位★★★★☆：有方法、有規畫的理財花費，了解自身需求，目前財務很穩定。

逆位★★★：突然花用一大筆錢，千萬別想要以錢生錢，好好守成才是最重要的。

❦ 倒牌逆位的意義 ❧

突然間，你不再理性了？這樣個性的轉折是不是有點極端呢？當女教皇出現逆位時，雖然會變得感性許多，或許一下子感覺到舒服、釋放，但是這樣的改變其實有些表面，並不是打從心底真的想要這樣做，也許你會得到一時半刻的解脫，卻不能長久。

虛偽、放蕩、錯誤的決定、驕傲的判斷，也都是女教皇逆位的意涵。一下想要獨處，一下又想要感受世俗，情緒或想法變來變去，對任何事物都十分隨便，這樣的情緒很容易讓你捲入人際關係的困擾之中。

也許一個人會感覺寂寞，但千萬別用不屬於你的方式來做改變，這樣只會讓自己更模糊，搞不懂自己要的是什麼。每個人都會遇上所謂的撞牆期，這時會搞不清楚自己身處何處、為什麼而活、又該如何生活，但不要盲目以為大眾想要的就是你想要的，然後隨隨便便下決定，而是去體驗過後，認真找回自己。

打破框框 孟小靖的塔羅 擴大想像解牌法

一位替神傳遞訊息的使者獨自坐在神殿之中，她就是大家口中的女教皇（女祭司），為了要正確記錄、布達及傳授知識，她必須在內心深處平靜的將所得到的資訊沉澱，再運用高度的智慧，轉換成大家能接受的方式來體現。你不妨試著學習專注內在，別被外在的干擾所影響。
逆位則反之。手中的智慧卷軸掉落，腳底象徵情感的月亮高掛上空，要小心突然間湧上來的情緒，讓你亂了方寸、錯了步伐。

III

The Empress

女帝

豐收

最豐沛的愛與關懷，能熱情展現自我的美，重視感官享受。學著讓自己體會感受，進而多愛自己一些，大方的表現自己。

塔羅牌中編號「3」的「女帝」，代表的是豐收。這是一張女性原型的牌，有著女性溫柔的特質，也有著女性嬌縱的個性。女帝也蘊涵了孕育新生命與豐收大地的意義，也可以引申為預想的結果，或是得到想要的事物。有人說女帝這張牌是充滿魅力、感性的，也是象徵母親的投射喔！

相信愛，體會女性溫暖的柔性力量，是女帝所要傳達的重要意涵。讓我們的身體產生源源不斷的愛的能量，就能創造生命力，就能醞釀出許多美與善的觀點，也就能輕鬆的面對生活、豐富的成長，或是誕生出一些新事物、新想法！

從圖像元素看牌義

牌中的元素	要告訴我們的意義
頭上星星的后冠	象徵十二星座一年的循環
手中圓球的權杖	掌握、孕育地球生命
衣服上的石榴圖案	多產、豐富
女性符號（金星符號）	美與愛的象徵
森林樹木、收成的麥子	大自然的豐饒、肥沃
瀑布河流	流動的生命之水

註：牌中文字於馬賽塔羅是「L'IMPERATRICE」，於托特塔羅是「The Empress」（皇后）。

「III・The Empress 女帝」塔羅指數

牌的建議

正位★★★★★：有魅力的，豐富、繁榮的開花結果，做事都能事半功倍喔！

逆位★★★：沒有成果的狀況，要控制自己的任性，別又掉入自己的情緒中。

環境狀況

正位★★★★★：物質生活豐足，散發溫暖特質，其他人也會樂意協助你喔！

逆位★★★☆：言多必失，驕傲自大，太出風頭是學不到別人經驗的。

關於愛情

正位★★★★★：美麗又優雅的萬人迷，可享受愛情的甜美果實，心滿意足。

逆位★★☆：別沉迷於肉慾之中，小心自己的嫉妒氾濫成災，得不到真愛。

關於事業

正位★★★★：成就不凡，落實內在能量而創造融合，事事都很順心，收穫豐碩。

逆位★★★：價值觀偏差，無法專心工作，太放肆自己的欲念與行為。

關於財運

正位★★★★★：財運不錯，注重自己的感官滿足，懂得享受高品質生活。

逆位★★☆：過度的奢華浪費，只為了自我撫慰的快感，缺少仔細思量。

❀ 倒牌逆位的意義 ❀

如果把付出的愛都以物質來衡量，你覺得這樣的愛會是真誠的嗎？原本單純的心是不是也會受到干擾與影響呢？雖然母性的愛是不求回報的，但也不是時時刻刻都能保有絕對的熱情，一旦熱忱減退，就會變得懶散、失去動力、浮躁、沒有耐心，這正是女帝逆位的訊息，在在都指向了不豐收或物質損失的可能性；更有可能是你放縱生活，對身邊的事物都漠不關心，甚至將自己擁有的女生特質朝向負面發展，例如不生產、性冷感、過度的享樂、運用魅力玩弄感情等。

女帝與前一張女教皇是截然不同的，如果說過於理性是女教皇所要注意的事，那過分敏感就是女帝逆位要小心的。以虛榮心來衡量是不是要對一個人好，其實一點也不輕鬆！當然，你付出多少不一定就可以得到多少，但唯一可以確定的是，當你願意付出就會有豐收的可能，所以我們得學著發自內心的付出，不要以對方的回應來做衡量，而是心甘情願去做！

打破框框

孟小靖的塔羅
擴大想像解牌法

首先映入眼簾的是滿滿的稻穗，再看到女帝身後的森林，哇！這豐衣足食的世界不就是大家渴望的世外桃源嗎？她的慈眉善目說明了一切，溫柔的模樣表露出樂意付出關懷，就因為她擁有這樣的心，並將愛傳遞出去，讓美與善的影響力遍及周遭，自然萬物也給予滿滿的回應。現在的你是否也是如此美麗呢？

逆位則反之。如果你擁有這麼多豐富資源，你願意分享嗎？還是把這些與生俱來的優勢當成籌碼，來獲取更多利益？抑或是想要拿來誘惑別人呢？

IV

The Emperor

皇帝

關鍵字
權力

主觀又固執的完成責任，專注的將事情確實執行，儘管在過程中想法太過嚴厲、手段太過強硬，但對想做大事的皇帝來說，這才是對的！

塔羅牌中編號「4」的「皇帝」，代表的是權力，也是支配。一種高高在上的權威感，支配著宇宙內的不同能量，主要是表達出心裡對物質的強烈企圖心與要求，也象徵著大男人主義下的男性角色思考與統治駕御能力，大體上可分為「外在權力」和「內在權力」。「外在權力」就是指別人所賦予的權力，可能是在工作上的職位，或是精神上的肯定；而「內在權力」是指自己的知識、經驗等自己給予的權力，這兩者都會影響著支配的原因，然而要如何運用這些權力，進而獲得成功，才是最重要的課題。

從圖像元素看牌義

牌中的元素	要告訴我們的意義
紅色的背景、服裝	象徵行動力
石頭做成的四方形王座	一板一眼的嚴謹結構
王座上公羊的裝飾	雄性象徵、星座起始的牡羊座
左手上的圓球	力求圓滿完整
右手中的安卡權杖	萬物生命的掌握
身上與腳下的盔甲	保護與隱藏情感面

註：牌中文字於馬賽塔羅是「L'EMPEREUR」，於托特塔羅是「The Emperor」（皇帝）。

✦「IV・The Emperor 皇帝」塔羅指數 ✦

牌的建議

正位★★★★：具有威信與穩健的做事風格，讓大家很相信你，責任感能為你加分！

逆位★★☆：挫折會接踵而來，經驗還不夠，別太自信了！學習也很重要喔！

環境狀況

正位★★★☆：缺乏支配和果斷，一直有七嘴八舌的人影響你的想法行動。

逆位★★★：能力被凸顯出來，但為人傲慢，其他人都對你很反感。

關於愛情

正位★★★★：積極進攻就可以得到轟轟烈烈的愛情，但請別追得太緊喔！

逆位★★☆：占有欲太過強烈，威權的相處模式會讓人十分不舒服，容易造成衝突。

關於事業

正位★★★★★：具有領導力，企圖心旺盛，工作上受肯定，進而獲得成功！

逆位★★：挑剔與批判，缺失熱忱的工作態度，過於自以為是而招來失敗。

關於財運

正位★★★★★：財運很好，金錢收入會增加唷！肯努力就一定有回報。

逆位★★☆：小心別輕易的將財富用在投資上，過度自信將導致損失慘重。

❧ 倒牌逆位的意義 ❧

關鍵字
學習

請捫心自問：你真的覺得現在的自己已經很有本事，不用再學習成長了嗎？相信每個人都有自己拿手的事物或專長，因而能讓自己充滿自信，而皇帝逆位正是在提醒我們：千萬別讓自信變成自負，讓能力造就出傲慢與自大。正位的皇帝把很多責任扛了起來，而逆位的皇帝則顯現出很多負面的特性，像是過度暴躁、濫用權力及武斷等；另外也可能代表產生不足的狀態，像是懦弱、害怕失敗及依賴。

世代不斷演進，事情也有各種面貌，以前適用的成功法則，現在不一定管用，而我們該如何面對這樣的轉變呢？其實，只要放下身段去學習，就能體會自我的成長，因為一旦你親身感受，就不會一味固執己見。不過，如果你依然相信你所堅信的，那就把自己的控制欲轉變為求知欲，換個方式來執行，對你來說應該不難吧！

打破框框　孟小靖的塔羅
擴大想像解牌法

皇帝身穿盔甲坐在石座上，手裡還握著權杖，這應該是他剛登基的模樣。表情嚴肅的他，或許正面對著一群子民，那是需要他保護的人，雖然他的努力已經讓大家得到了安定，而他也被賦予權力登上王座，卻仍不願卸下盔甲，或許在他心中還有許多責任，就像盔甲一般，無法卸除。現在的你也許還需要多點奮鬥，才能獲得穩定的成果。

逆位則反之。皇帝手上的權杖掉落，大權不在手中，如果還是一樣固執己見，大家還會信任他嗎？

V

The Hierophant

教皇

援助

　　最神聖的信念，是發自內心深處的指引，歷經教導，透過理想，能指引我們對的道路，在這路上相互幫助，彼此都得到成長！

　　塔羅牌中編號「5」的「教皇」，代表的是援助，具有知性和道理，是大家的精神指標，有著智慧和判斷力，較保守且力求安定。其意涵也可引申為服務別人，或渴望獲得別人的幫助。

　　另外，其實教皇代表的也是一種精神層面的最高想法，也就是所謂的「真理」，或者說是「王道」。還有，不單單指單方面接受，也許貢獻自己的能力與熱忱去幫忙別人，會有想像不到的好處喔！鑰匙象徵著可以為你打開心靈，賦予你樂於助人的高貴情操，令你善解人意，擁有寬厚胸襟。

從圖像元素看牌義

牌中的元素	要告訴我們的意義
頭上的三層皇冠	象徵身、心、靈的三層次
左邊身穿白百合圖案的傳教士	純潔的靈魂
右邊身穿紅玫瑰圖案的傳教士	熱情的愛
灰色的柱子	黑與白的融合、經驗的象徵
三重十字架	橫跨天、地、人的界線
兩把交叉的鑰匙	開啟智慧、神祕學的關鍵

註：牌中文字於馬賽塔羅是「LE · PAPE」，於托特塔羅是「The Hierophant」（大祭司）。

✣ 「V・The Hierophant 教皇」塔羅指數 ✣

牌的建議

正位★★★★☆：適合從事服務性的工作。有貴人相助，跟隨直覺把握機會。

逆位★★★☆：堅定信念，要把訊息清楚的表達出來，否則會孤立無援喔！

環境狀況

正位★★★★：留意你周遭的人，將會有貴人出現，可給予許多協助。

逆位★★★：缺乏別人的協助，此時最好先想想自己的做法到底對不對。

關於愛情

正位★★★★：深厚寬容的愛情，是足以依賴的，或許可以進入結婚殿堂。

逆位★★★：太過執著，意氣用事、急躁匆忙的你是無法接受對方感情的。

關於事業

正位★★★★：未來將會變成心靈導師的角色，可提供自己的意見與經驗。

逆位★★★☆：工作面臨挑戰，多與值得尊崇的長輩聊聊，會有幫助。

關於財運

正位★★★☆：收入固定增加中，可以發揮慈悲的心幫助他人，以獲得慰藉與滿足。

逆位★★☆：同情心氾濫又經濟不佳，借別人錢之前要好好思考，量力而為。

❀ 倒牌逆位的意義 ❀

關鍵字
拘謹

當我們受到挫折之後，防衛機制就會啟動，使我們在下決定之時變得猶豫不決，以為這就是提升自己防護的方式。就如同教皇逆位要告訴我們的情緒一樣：敏感、容易失落悲傷、膽小脆弱等，都是反應出精神層面上的擔憂。

一般會用貴人牌來形容教皇牌，但當教皇牌出現逆位時，卻在提醒著我們要特別留意一件事：接受別人幫助時，自己是否擁有正確的思考能力？或是在尋求幫助之際，是否正確的傳達了自己想要獲得的協助是什麼？當下的你，只是要抱怨，還是要獲得安慰，抑或是想要解決問題？總不能讓大家給予的善意協助又變成另外一個壓力的來源吧！

每個人都會遇上人生低潮期，但千萬別掉入了自我的情緒黑洞之中，適時的跟親朋好友們多互動、多聊聊，凡事先慢下腳步，等待心靈穩定之後，才來探索自我，成就新的可能。

打破框框 孟小靖的塔羅
擴大想像解牌法

來到一個讓人覺得寧靜的教堂之中，中間的教皇正在為大家傳達福音。教皇用他所累積的知識、經驗，告訴大家如何面對生活的考驗。想必這就是一個令人感覺到平靜內省的時刻吧！你是這個能為大家解惑的人？還是期待得到援助的人呢？

逆位則反之。求助者與教皇的位置對調，圖中鑰匙在上，其實就在告訴你拿起鑰匙就能解開難題，不要只是依賴別人的幫助與慰藉，因為掌握打開問題鑰匙的人，應該就是你自己。

VI

The Lovers

戀人

結合

最美好的愛，遵循著心所做出的一種自願的承諾。只需要跟著你的心做出選擇，愛沒有對錯，也沒有好壞，端看你如何去看待愛的形式、愛的樣子！

塔羅牌中編號「6」的「戀人」，代表的是結合。這一張牌很明顯的跟愛情有關，而且還代表了宇宙之中兩種情感——「感性」和「理性」的平和，也同時象徵了男女之間的調和。

愛情是浪漫的，可以為你的人生注入一股新活力。另外，愛情經常與麵包一起被拿出來討論，因此這張牌也是指在愛情與麵包中必須做出決定，兩者都很重要，你要如何取捨？然而，無論是愛情或其他的感情，要記得千萬別放縱自己的情緒，導致無法自拔。

從圖像元素看牌義

牌中的元素	要告訴我們的意義
一男一女	亞當與夏娃
赤裸的身體	天真與純潔
五顆蘋果之樹（智慧樹）與十二團火焰之樹（生命樹）	五種感官及十二星座的象徵
蛇	智慧，也是欲望及誘惑
大天使拉菲爾（Raphael）	溝通傳遞的重要性
太陽的光芒	溫暖、光、快樂

註：牌中文字於馬賽塔羅是「L'AMOVREVX」，於托特塔羅是「The Lovers」（戀人）。

❦ 「VI・The Lover 戀人」塔羅指數 ❦

牌的建議
正位★★★★：人際關係良好的幸運兒，與大家都相處融洽，團體氣氛安穩和諧。

逆位★★：不合作的態度，別受誘惑操控！該好好思考如何做出選擇。

環境狀況
正位★★★★：四周的人都能和你一起打拚，大家目標一致，能順利完成工作。

逆位★★☆：想不透你的人很多，跟別人合不來，所以目前沒人肯與你合作。

關於愛情
正位★★★★★：愛情正在萌芽，為彼此兩情相悅而感到開心。

逆位★☆：象徵多種選擇，可能有第三者介入，考驗著彼此對愛情的堅貞。

關於事業
正位★★★★：適合與人合作，能從與夥伴的相處中認同自己，向理想前進。

逆位★★☆：可能面臨解約、離職，不協調的錯誤決定，不長久於同一件事。

關於財運
正位★★★★：在金錢方面，只要與別人一起共享就會增加財運，大大提高獲利。

逆位★★★☆：要注意與你合作的人，意見相左，溝通上的不順利，將導致破財。

❧ 倒牌逆位的意義 ❧

許多人遇上戀人牌逆位時，多會用感情中的第三者來做解讀，這是因為在馬賽系統中的戀人牌上有一男二女，強調面臨選擇的狀態。

離別、合作失敗及妒忌對立，也都是戀人牌逆位時要給我們的警告。這些看起來都脫離不了人際關係的挫敗，想要討好對方，卻一不小心讓自己陷入兩難的局面，進而導致做出錯誤的決定。戀人牌逆位還意指兩者只能取其一的困難，而什麼該放下、什麼該緊握，沒有人能告訴你正確的答案，甚至有時連自己都回答不出來自己要什麼。

那麼，到底該怎麼做才對呢？人都難免有自我懷疑的時候，也都會有面臨重大抉擇的時刻，不妨跟隨自己的直覺，並對自己的選擇負責。如此一來，我們就能在一連串的選擇之中，無愧於心的迎向自己所選的未來。

**打破框框 孟小靖的塔羅
擴大想像解牌法**

亞當和夏娃就在眼前，這不就是伊甸園嗎？這兩個人坦誠相見，顯現了最純潔的心，但在面對具有重大意義的陰陽調合上，似乎仍有些遲疑。現在的你是不是也和他們一樣猶豫，不知道自己下的決定究竟對不對？或許有大天使的祝福，再加上彼此若能努力經營，生活就能朝著幸福美滿發展了。

逆位則反之。兩人超越天使的高度、會掉落的果實、可能熄滅的火焰，這些景象一再警告我們必須正視自我膨脹的問題，千萬別堅持己見，做出錯誤決定。

VII

The Chariot

戰車

　　傾注全力向前邁進，力量被你所凝聚，正透過你決定的方式甦醒，或許會面臨未知的挑戰，只要不懼怕、不畏戰，就能為你帶來好的進展。

　　塔羅牌中編號「7」的「戰車」，代表的是勝利。想要獲得勝利，必定得付出很多的努力，還要有堅強的意志力，才有機會為成功而歡呼。

　　拉著戰車的兩頭人面獅身，分別象徵著人的兩個本能——理智及欲望。從圖像中可以知道，如果想要達到勝利，除了積極的行動之外，還要控制好理智與欲望，協調兩者的收放，令它們成為助力，幫助你邁向功成名就。千萬別讓這兩者成為阻力，那麼勝利與成功便會從你手中溜走。

從圖像元素看牌義

牌中的元素	要告訴我們的意義
黑色及白色的人面獅身	嚴厲及慈悲
手中無韁繩	不用蠻力來掌控
四根柱子所支撐的星空布幔	神所挑選的人
有翅膀的太陽	太陽神的祝福
手中的黃金矛權杖、頭上的桂冠及八角星	意志、勝利及統御
雙肩上不同表情的月亮盔甲	掌控喜怒哀樂的能力

註：牌中文字於馬賽塔羅是「LE CEARIOT」，於托特塔羅是「The Chariot」（戰車）

「VII · The Chariot 戰車」塔羅指數

牌的建議

正位★★★★☆：腳踏實地，相信自己，主動出擊吧！向前進必有戰果。

逆位★★★☆：好好的正視問題點，缺乏興趣，不要魯莽、躁進。

環境狀況

正位★★★★★：因獲得勝利而更積極，大家認可你的成功。

逆位★★★：樹大招風造成失敗，加上別人的冷眼看待，漸漸失去鬥志。

關於愛情

正位★★★★：樂觀看待彼此的愛，積極去追求想要的愛情，容易獲致成功。

逆位★★★：一味的追求，沒有搞清楚狀況，愛情無謀略，被對手打敗。

關於事業

正位★★★★★：有幹勁，很認真的完成工作，為自己帶來豐碩的成果。

逆位★★★：過度自信、不自量力的你要多學習，努力不夠將帶來挫敗。

關於財運

正位★★★★★：不斷的朝向目標前進，因受到肯定與獎勵而獲得很多財富。

逆位★★☆：千萬不要依賴投機性的理財工具，不僅沒有收穫，還可能損失慘重。

❧ 倒牌逆位的意義 ❧

關鍵字
矛盾

　　真正的勝利不只是打敗敵人而已，而是你自己有沒有從中成長，有沒有獲得內心的真實喜悅。很多時候我們只是為了贏而贏，也就是所謂的短視近利，但說真的，誰都有陷入這種迷思的時候。

　　爆發的好勝心有時會蒙蔽了自己，以為一切都在掌握之中，但沒想到生活上還是有許多變數，突然挫敗、失去控制、不停遭受打壓……這些都是戰車逆位所要告訴我們的訊息與意義。現在的你在處理事情的時候，應該避免過多的爭執與碰撞，因為這樣只是再度點燃彼此不滿的情緒，導致為了想要發洩情緒而衝動行事，這樣真的是有意義的嗎？甚至明知是無法成功的計畫，還硬是堅持執行，最終落得徒勞無功。所以，現在要做的是以退為進，有時候成為被動防守的一方，也不見得是件壞事，因為先蹲下才能跳更高！

打破框框

孟小靖的塔羅
擴大想像解牌法

勇往直前的戰車，信心滿滿的沉穩前行。他的自信是來自背後的奧援，還是來自由內而外生成的成功信念？也許他的對面正有敵人迎頭襲來，但早就被他散發出的英姿所震懾住了。或許你我也能跟戰車一樣堅定意志，打倒恐懼，征服一切困難。

逆位則反之。重心轉換，攻守易位，只好固守，無法攻擊，天空往下沉，長矛向下，失去鬥志，現在希望不再的你，是不是開始出現矛盾，亂了陣腳？先來個深呼吸吧！以退為進，或許不失為一個對應之策。

VIII

Strength

力量

勇敢

　　最溫柔的意志，讓我們知道以柔克剛的道理，相信自己就能產生力量，運用這股力量，勇敢的去堅持、去爭取，讓力氣慢慢累積，等待發揮最大的作用。

　　塔羅牌中編號「8」的「力量」，代表的是勇敢。要能讓自己勇敢的下決定，強大的意志是相當重要的。人與獸分別象徵著兩個重要的意涵，獸就是指人性中的「本能」，而人是代表著人的「自我控制」能力。人頭上的無限大符號則說明了人擁有無限的自我控制能力。如果無法自我控制，自己的行為將會被本能所奴役；如果能夠自我控制，就可以冷靜判斷，做出正確的決定。有了堅定的意志、英雄氣魄與力量，再結合這張牌，等於是增加了毅力，掌握自我控制權。

從圖像元素看牌義

牌中的元素	要告訴我們的意義
頭上的無限大（如 8 橫放）	無限的力量
白衣女子	純潔的溫柔
身上的花環	愛的自然散發
獅子	獸性的象徵
獅子下垂的尾巴	馴服
女子撫摸獅子的動作	勇敢與信心的展現

註：牌中文字於馬賽塔羅是「LA FORCE」（排序為 11），於托特塔羅是「Lust」（欲望）。

「VIII・Strength 力量」塔羅指數

牌的建議
正位★★★★：不屈不撓，充滿意志力！發揮決心、耐力、勇氣，追求自己想要的。

逆位★★★：學著坦率，千萬別喪失自信，要有撐下去的勇氣。

環境狀況
正位★★★★：想將不可能化為可能，就不可以屈服於壓力，要有堅毅的意志。

逆位★★★：沒有毅力、做事不穩定的你，讓周圍的人對你失去信心。

關於愛情
正位★★★★：有勇氣去追求新戀情或建立新關係，為長久穩定的發展而努力！

逆位★★★：對舊戀情有陰影，不敢再追求愛情，請多給自己一些調合情緒的時間。

關於事業
正位★★★★☆：堅忍不拔，不怕難，勇往直前，就會有好差事等著你去發揮。

逆位★★★：挫折多，讓你的內心產生恐懼。熱力消退，缺乏強烈的工作欲望。

關於財運
正位★★★★：試圖控制自己的情緒，就能將金錢做好規畫與運用，達到收支平衡！

逆位★★：很想逃避的你，藉由花錢求得心靈釋放，會造成你的財富流失。

❧ 倒牌逆位的意義 ❧

關鍵字
軟弱

也許我們都該正視自己也有軟弱的一面,當力量出現逆位時,最明顯感受到的就是自信喪失、有氣無力,想要放棄對之前信念的堅持,總覺得怎麼做都不好,都無法獲得成就感。

或許現在你的心中有一種說不出來的憂鬱,這樣的情緒讓你對很多事情抱持著隨便的態度,得過且過,敷衍塞責。此時,我們往往會被情緒所綁架,只看到自己脆弱的一面,卻忘了自己還擁有力量。但也有人為了想要逃避這種虛弱的負面感受,就想辦法讓自己變成一個可以支配別人的人,使自己暫時忘懷無力感,因而過度運用權力,反而成為一種暴行,讓身邊的人備感壓力。事實上,放任自己的獸性無限延伸,或是自我膨脹,都不會讓你感到輕鬆,反而會讓你產生更無奈的感覺。

故作堅強不能改善內心的軟弱,而是要整理自己的心情,看清自己的實力,才能面對弱點,跨越盲點。

打破框框

孟小靖的塔羅
擴大想像解牌法

要我跟獅子搏鬥,這會不會太可怕了啊?但是,轉念一想,獅子不也就是貓科動物,應該也有可愛溫馴的一面吧!再說,隱藏在畫面背後的真相就是我們看到的樣子嗎?跟我們想像的一樣嗎?會不會力量牌中的少女,原本跟獅子就是好朋友呢?說不定他們倆一直都是友善溫柔的互動著呢!
逆位則反之。獅子位置高過女孩,顯示獸性將要壓迫人性,或許已經無法再控制住獅子了,再這樣虛張聲勢的裝模作樣,很可能會為自己招來危機!

THE HERMIT.

IX

The Hermit

隱者

指引

　　最回歸自我的時刻。我們已經很少有時間面對內心，隔絕外界的干擾，請真誠傾聽自己的聲音，不要理會別人的干擾，只須專注整理、靜靜撫平自己的心情！

　　塔羅牌中編號「9」的「隱者」，代表的是尋求。隱居山林之中的隱士，通常身懷絕技卻甘於平凡，有的甚至無欲無求，很懂得自得其樂。雖然隱遁於世，有時不免孤寂，這也是隱者牌要透露給我們的訊息。

　　每個人的一生都有想要追求的事物，為了提醒大家不要迷失，隱者手中提著一盞燈。這一盞燈一邊照亮前方的物品和道路，而另一邊是希望能夠照出內心的「自我」，了解有捨才會有得的意義，知道什麼才是自己真正想要的。

從圖像元素看牌義

牌中的元素	要告訴我們的意義
手中的提燈	潛意識的象徵
燈中發光的六芒星	真理、光明的指引
高聳的山巔	接受孤獨、保持寂靜
灰色的長袍	經驗與智慧的象徵
低頭的姿態	思考與反省
手上的權杖	路途上的引導

註：牌中文字於馬賽塔羅是「L'HERMITE」，於托特塔羅是「The Hermit」（隱士）。

❦「IX・The Hermit 隱者」塔羅指數 ❦

牌的建議

正位★★★★：思慮周密，找出定位，行動去吧！好好累積經驗，展露鋒芒。

逆位★★★☆：別發牢騷、固執己見，重要的是充實自己，等待時機。

環境狀況

正位★★★☆：多閱讀，吸收新知會讓你的見解更犀利，大家會默默的支持你。

逆位★★☆：休息一段時間，讓自己放鬆一下，才能靜心沉澱，好好思考未來。

關於愛情

正位★★★：不經思考的愛戀，不敢公開的愛情，或是承擔情緒上的孤獨感。

逆位★★☆：暗戀，不願意讓別人知道自己內心的感受，對象也難以接近。

關於事業

正位★★★☆：學習時間管理是最近的重點，性質安靜的工作比較適合你。

逆位★★☆：不適合單獨行動，與夥伴一同出擊更佳，要留意有心機的人。

關於財運

正位★★★☆：雖沒有世俗物欲，但有計畫性的支出與收入還是比較好喔！

逆位★★☆：收藏魂啟動，購物欲強烈，請想清楚有沒有購買的必要性。

❧ 倒牌逆位的意義 ❧

給自己一些獨處的機會，這是一段可以讓自己好好思考、好好沉澱的時光，但絕對不是要你像躲進深山裡的隱者一樣、離群索居，怨天尤人，總覺得自己不得志一樣。隱者逆位提醒著我們千萬不能保守頑固，老是覺得自己才是對的，別人的方法都是遲鈍、沒有效率，但真的是如此嗎？在別人的眼中，你該不會早就成了孤芳自賞的過氣老人吧？

或許在這個階段，你正在苦思、探尋什麼是你的生活意義，不知道自己在哪裡，也不知道自己能做什麼。當然，你可以先與自己對話，找到讓自己開心起來的辦法，但絕不是遠離人群，因為在與你親近的朋友身上能看到不一樣的自己，這是一個認識另一個自己的好機會，然後再由你來選擇要不要成為那樣的人。

是的，思索自我定位的過程是很個人的，但千萬別因為害怕寂寞而偽裝，而應該要成為一位可以享受孤獨的人生智者。

孟小靖的塔羅
擴大想像解牌法

孤單站在山峰上的隱者，手中的燈能照出他想要走的路嗎？他對世俗的一切是不是還有所留戀，所以才從高處遙望遠方的城鎮呢？你我都需要獨處的時間，留給自己一段平靜的時光，尤其現代生活往往步調忙亂、訊息龐雜，回歸自我這件事更顯重要。

逆位則反之。燈不再高掛，那光就照不到我們想看的，你會變得更膽小、更保守處事，也許這樣的方式會讓你安心。不過也有可能意喻著回歸人群，因為牌一倒過來，隱者的斗篷就褪下來了。

X

Wheel of Fortune

命運之輪

輪迴

生命的轉動，只能靠我們的感受去體會。每一件事情都會過去，無論你喜歡或不喜歡，都要去接受，總有一天會改變的。

塔羅牌中編號「10」的「命運之輪」，代表的是輪迴。輪迴有很多含意，既是周而復始的重覆，也是命運之中的轉捩點，亦即「危機就是轉機」。命運是不會回頭的，它就像輪子不斷向前滾動，是幸或不幸，沒有人能提前預料。人生中是否有很多錯誤不斷重覆的發生？走到人生的十字路口，你所下的決定都是對的嗎？或許就是因為有這諸多變數，人生才可以如此多彩多姿，我們才能享受生命中喜怒哀樂的循環。風水是會輪流轉的，也許這就是否極泰來的道理。

從圖像元素看牌義

牌中的元素	要告訴我們的意義
中央的三環輪	內為創始，中環執行，外圈物質
輪中的「TARO」字樣	神聖律法
輪上方的人面獅身	智慧的維持平衡
輪側邊的狼頭人身為埃及神阿努比斯（Aunbis）	掌管死亡，象徵重生
輪下方的蛇是埃及黑暗之神賽特（Seth）的化身	象徵風暴與衰敗
獅子（獅子座）、天使（水瓶座）、老鷹（天蠍座）及金牛（金牛座）	《聖經》四活物、自然界四元素（火、風、水及土）
從四個角落看書的姿態	從不同的觀點學習

註1：牌中文字於馬賽塔羅是「LA・ROUE・DE・FORTUNE」，於托特塔羅是「Fortune」（命運）。

註2：天蠍座有三重象徵：原型天蠍、昇華為老鷹、轉化成浴火鳳凰（和平鴿）。

「X・Wheel of Fortune 命運之輪」塔羅指數

牌的建議
正位★★★★☆：代表開始進入人生轉捩點，或有意想不到的事物。去做新的嘗試吧！

逆位★★★☆：錯誤和困難一直重複發生，時機未到，先以靜制動，不要放棄！

環境狀況
正位★★★★：換你嶄露頭角，要好好握住機會，將有意想不到的好運出現。

逆位★★★☆：太早開始努力，事情安排得不理想，都是因為好運還沒來臨。

關於愛情
正位★★★★：一見鍾情，是宿命讓你們幸運的結合，開始拓展你們的新生活吧！

逆位★★☆：同樣的問題不斷重複，無法解決，導致關係慢慢惡化，是短暫的愛情關係。

關於事業
正位★★★★☆：好運來了，要把握住這次好機會，將會成功，得到讚賞。

逆位★★☆：計畫受到外力影響，你卻難以阻止，被迫中斷，必須重新再來一次！

關於財運
正位★★★★：將會有意想不到的好運氣，得到意外之財，財源滾滾。

逆位★★☆：缺之考慮，粗心大意，行事慌慌張張，若要用錢，請考慮後再出手。

❧ 倒牌逆位的意義 ❧

關鍵字
意外

大部分的人都喜歡將所有事物掌握在自己手中，比較能建立安全感；而當意外來臨的時候，安全感被打破了，情緒因而產生波動，所以面對不在預期之中的事情時，總是會有一股不安的感覺油然而生，有些人會用排斥、不理會、覺得慘遭厄運或用倒楣來形容這樣的狀況。的確，這就是所謂的命運，是命運之輪逆位要告訴我們的訊息，但一味抗拒並不能解決事情，只會讓事情產生更多阻礙，甚至造成停滯。

弄巧成拙是我常對命運之輪下的註解：花了太多時間來幻想失敗，或做了太多無助於此事件本質的事。發生意外的當下，固然令人震驚，但所有的意外都一定只有不好的一面嗎？其實，接受變化不見得是壞事，誰知道這個調整會不會為你的人生帶來不同的新循環，因為事情往往是一體兩面的，現在發生的這件事也許是在提醒著你：該為自己的下一階段做準備了！

打破框框 孟小靖的塔羅
擴大想像解牌法

這個不斷轉動的命運之輪，就跟我們在電影中看到的機關一樣，一旦停下來，通常就會招來結束、崩壞的後果，但它就跟時間流逝一樣，是無法阻止的。如果整個世界或宇宙不只有一個命運之輪，又會如何呢？其實每個人都有自己的命運之輪，人與人之間的輪子就跟齒輪一樣緊密相扣，我們能做的就是好好接受其中的運轉與擺盪：好運來時，珍惜；壞運來時，祈禱，樂觀面對，希望自己能順利度過。

逆位則反之。四個角落的四本書將會落下，代表無法運用智慧，這樣就會招致錯誤，並不斷惡性循環，只好不停彌補過失。

XI

Justice

正義

平衡

　　最對等的付出。想要得到多少，就得貢獻多少，相信這個道理大家都懂，但總是不自覺的想要多掌握一些，這張牌要我們明白，平衡因果關係的重要性。

　　塔羅牌中編號「11」的「正義」，代表的是平衡。在女神手中的劍與天秤，是協助她為這世俗訂下規範及律法的重要工具，劍代表的是「公平審判」，而天秤象徵了「兼顧的平衡」。當我們遇到必須兩者取其一的時候，通常都難以驟下決定，而正義這張牌正直接指出了這個僵局，當我們陷入其中，也許不妨暫停休息一下，人生之中要下決定的機會還有很多。身處困苦時，只要不失去均衡、公平的原則，循著不偏不倚、折中調和的方式前進，任何事都會迎刃而解。

從圖像元素看牌義

牌中的元素	要告訴我們的意義
高舉不偏不倚的寶劍	刺破幻象、評判的決心
寶劍的雙面刃	可善、可惡的選擇運用
手中的天秤	評估公平的決定
兩根柱子所撐起的布幕	信仰的建築、正負觀點的調和
紫色的布幕	內在的智慧
黃色的王冠	心智的清澈

　　註：牌中文字於馬賽塔羅是「LA · JUSTIC」（排序為8），於托特塔羅是「Adjustment」（調節）。

❦「XI・Justice 正義」塔羅指數 ❦

牌的建議

正位★★★★：付出與回報對等，良好的協調，遵守一定規則，十分和諧。

逆位★★★：事情無兩全，要小心爭執糾紛，得多思考再下決定。

環境狀況

正位★★★★：能均衡協調眾人的建議，走中庸之道的你受到大家愛戴。

逆位★★☆：處理能力欠佳，舉棋不定，使得周遭環境對你不利，產生不公平。

關於愛情

正位★★★★：兩人能真實面對彼此，感情平穩發展，可以考慮走進禮堂喔！

逆位★★★：仔細思考雙方是不是個性不合、要不要繼續一起走下去，到了該下決定的時候了。

關於事業

正位★★★★：可勝任兩種工作，正業、副業都能發展，適合裁判、分析的工作。

逆位★★☆：面對問題沒有彈性，嚴厲的批判只會引發糾紛，甚至可能會吃上官司。

關於財運

正位★★★☆：收入穩定，支出有計畫，為自己的未來慢慢累積財富。

逆位★☆：想法偏頗，欲望太多，財務處理發生問題，經濟陷入困境。

❧ 倒牌逆位的意義 ❧

關鍵字
偏見

請再多給自己一些時間，不要在盛怒之下認定事情的樣子。如果僅從片面資訊就在心裡暗下判斷，會對其他解釋都抱著不信任的態度，一旦偏見形成，就會讓你越來越看不清事情的全貌，走向錯誤的方向。

錯誤的指控、不公平、不正當及濫用權力，都是正義逆位要告訴我們的訊息。我們一定會對某些事情產生情緒，但憤怒會生成敵意，煩躁會化成報復，讓我們失去平衡，無法正確評估事情，只想著要讓對方受到傷害，這樣的想法反倒造成自己的挫敗，損失更多，甚至因此走向極端。

我們很容易被自己的想法所蒙蔽，雖然有時候確實看到了事件的發生，但不見得了解其真相。請再多給自己一些觀察的機會，千萬別在第一時間就下定論，才能讓自己的心理狀態維持平衡。

**打破框框 孟小靖的塔羅
擴大想像解牌法**

面對抉擇或需要做出評斷時，你能做到真正的公平嗎？我想這個問題，應該沒有人可以斬釘截鐵的回答吧！記得小時候有個課堂習題：一公斤的棉花和一公斤的鐵放在天平上面秤，哪個比較重呢？不少小朋友都紛紛舉手搶著回答鐵比較重。不過，答案是一樣重。所以囉，我們能和正義女神一樣端正而平衡的下決策嗎？這是多麼不簡單呀！
逆位則反之。當你因情緒化而產生偏見，早就認定心中的答案就是正解，就很容易做出錯誤的決策。

XII

The Hanged Man

吊人

關鍵字
犧牲

　　最值得的信念,是內心想出來的?還是自己領悟到的?人生不求冷靜,但求平靜。擁有清晰的思緒,洞察人生之後,才能把自我放下,讓大我昇華。

　　塔羅牌中編號「12」的「吊人」,代表的是犧牲,當然也是考驗。何謂犧牲?我想就是聖人精神吧!那是一種無我的奉獻,不求回報,甚至願意放棄自己的幸福,來換取別人的快樂。如此無怨無悔的付出,有多少人能夠做得到?

　　要隱藏自己的情感、武裝自己的情緒,等待著不知道什麼時候才會有的回應,不安於人生中的命運安排,決心按照自己的意志行動。如果無法心隨意走,那就選擇自我犧牲。吊人的犧牲引出了靈魂的自主與命運的跳脫。

從圖像元素看牌義

牌中的元素	要告訴我們的意義
倒吊的姿態	甘願奉獻的付出
怡然自得的神情	不再困擾的平靜
紅色的褲子	身:人的基本存在
藍色的上衣	心:智慧的參透
黃色的光環	靈:洞察人生
金色的鞋子	崇高的精神能量、理想

註:牌中文字於馬賽塔羅是「LE‧PENDU」,於托特塔羅是「The Hanged Man」(吊人)。

❧ 「XII・The Hanged Man 吊人」塔羅指數 ❧

牌的建議
正位★★★☆：體會有捨才有得的道理，無怨無悔的不斷努力，才能浴火重生。

逆位★★★：改變方向再出發，拿得起，放得下，做得心甘情願就沒什麼好埋怨的了。

環境狀況
正位★★★☆：不自由的立場，覺得委屈，受到強迫而不得已犧牲。

逆位★★☆：不斷的服務和奉獻是徒勞無功的，要克服這個期間的考驗。

關於愛情
正位★★★☆：為另一半犧牲付出，但必須心甘情願。兩人愛情出現考驗。

逆位★☆：沒有回報的愛情，自己早就發現是在苦撐，不如選擇放棄這段感情吧！

關於事業
正位★★☆：緊繃情緒不斷漫延，這是一個過渡期，要試圖努力度過這個狀態。

逆位★★：沒有目標，不知去向，不想從事這項工作，不得不在痛苦中度日。

關於財運
正位★★★☆：想想為什麼幫助別人而漏財，若甘願犧牲，只能最近少花一點囉！

逆位★★☆：賺錢不及花錢的速度，錢不夠用，經濟狀況亮起紅燈囉！

❖ 倒牌逆位的意義 ❖

總是有一種不耐煩的感覺圍繞著你嗎？是不是覺得不曉得自己到底在為什麼而付出？雖然覺得有一些收穫，卻沒有開心的感覺；你開始想要有一些改變，卻不知道該怎麼做；生活中的負擔和經濟壓力，不是說放就能放……這些阻礙的確讓你更煩悶了，面對無法改變的現狀，只能束手無策嗎？還是你自己也害怕改變、害怕成長，不願意去做一些目前還看不到成果的努力？生命中的確有一些事不見得一定有實際的回報，卻能讓我們的內心有所領悟，這也是一種所得。

逆來順受、自私自利、心有不甘……這些負面情緒都是吊人逆位要提醒我們的訊息。時間一直在前進，沒有人喜歡懸在那裡的感覺，而孤立無援的你我只能默默承受這一切嗎？當然不是，與其在原地難過哭泣，不如起身離開，停止這些不開心的犧牲，即刻解開自我束縛！

孟小靖的塔羅
擴大想像解牌法

你願意被倒吊在樹上嗎？如果你是自願的，是為了什麼事情呢？你能夠像吊人一樣神色自若、甘願付出嗎？還是你心中已經有了什麼目標想要去實現，知道這一切都只是過程罷了？總之，先給自己一點掌聲吧！因為你的心智夠強。但若能換個角度思考，反而能看得更清楚，相信過了這一關，一切都能海闊天空。
逆位則反之。反過來的吊人，其視角就跟一般人無異，但腳還是被綁住的，透露出一種只能逆來順受的無奈。該解開束縛，改變狀態了！

XIII

Death

死神

結束

　　最簡單的告別。人人都會有面對這天的機會，我們能選擇去抗拒、去害怕，也能選擇去接受、去面對，「結束」有時候就這麼自然而然的發生了！

　　塔羅牌中編號「13」的「死神」，代表的是結束。若沒有終止，就沒有開始，也就沒有真正的死亡。有些事情結束了，但心不能消沉。許多人認為死神牌是可怕的、最差的，甚至是絕望的，可能是受到西方思想裡十三是不祥之數的影響，例如十三號星期五被稱作為「黑色星期五」，但從另一個角度來看這一張牌，那就是「重生」。能夠忘掉過去，重新開始，開創出屬於自己的奇蹟。讓昨日的自己沉澱，洗心革面；讓今日的自己昇華，拋除過去陰霾，運用新的方法來建設出新未來。

從圖像元素看牌義

牌中的元素	要告訴我們的意義
死神面向東方	等待日出，結束後重生
人們面朝西方	象徵日落，死亡的終點
國王的屍首	世俗權力並無法躲避死亡
旗子（鐮刀）	宣告死亡的來臨
十字會的白花圖騰	新生的種子
傳教士	坦然的面對死亡

註：馬賽塔羅牌中空白無字，托特塔羅中的文字是「Death」（死神）。

❧ 「XIII・Death 死神」塔羅指數 ❧

牌的建議

正位★★☆：該結束就結束吧！失敗為成功之母，想想失敗的原因，東山再起。

逆位★★★☆：重新改變，用不同的思緒和做法重新開始，這樣才會成功。

環境狀況

正位★★：發生不幸的大事，毀滅的時間到了，腐敗到無法處理了！

逆位★★★☆：轉變對你有利，印象改觀，方針改善，就可以脫離低迷的時期。

關於愛情

正位★★☆：愛情不會有結果，考慮分手會好一點，放手才是明智之舉。

逆位★★★☆：捨去過去的愛情，追尋彼此的真幸福，另一段愛情正展開中唷！

關於事業

正位★★：以前的工作模式已經行不通了，快放棄吧！看清事實才能面對。

逆位★★★☆：改變自我形象，重新訂出未來的計畫，讓大家另眼相看。

關於財運

正位★☆：注定失敗的財務虧損，面臨危機，無法抗拒的痛苦來臨。

逆位★★★☆：經濟會獲得改善，收入慢慢增加，感覺到重生。

❦ 倒牌逆位的意義 ❦

關鍵字
重生

　　我所收藏的各國塔羅牌之中，有一副塔羅牌將死神牌繪製成懷孕的女子與胎兒，這張牌很明確的告訴了我們死神牌逆位的意思——結束後的重生。不過也有分歧的看法，有人認為死神牌逆位強化了面對死亡後的無力感，是一種讓自己停滯不動、無法跳脫的恐懼。

　　或許你剛經歷一段人生中的大衝擊——親人的過世、一個嚴重的意外等，讓你了解到生命中確實會有令人不得不去接受的事，根本無法抗拒。沒有預告，卻被迫接受改變，讓人格外難受，但這就是人生必經的過程之一，我們都知道必須靠自己努力來熬過這一切。如果你已經盡力了，就別再強迫自己，請先暫時停下腳步，放空自己，等你能欣然接受這些已經結束的事物後，再慢慢試著面對害怕與恐懼，才能予以克服。唯有真的放下，才能放過自己。

孟小靖的塔羅
擴大想像解牌法

如果你只剩下一天的生命，你會做什麼？能好好思考這個問題的人，其實是相當幸福的，因為有很多人無法好好說再見，死亡或結束就來了。看著從遠方而來的死神，也許你早已預料到會有這天的到來。是的，天下無不散的宴席，這個道理無論是誰都必須接受。

逆位則反之。死神從馬背上跌落，暫時不能執行收走死者的任務，這是個死裡逃生的好機會，提醒我們該接受改變了，別沉溺在悲情之中，重新開始才會帶來新生。

XIV

Temperance

節制

淨化

最自然的調和。由內心高層次的意念,透過與外在表象的融合,找到自己經驗中的原則,知道該如何行動、如何反應才是最恰當的。

塔羅牌中編號「14」的「節制」,代表的是淨化。在兩個水瓶中流動交換的水,象徵著思想的流動。水代表心靈的力量,由代表精神和理性的其中一個瓶子,流動到代表物質和感性的另一個瓶子,兩者相互交流,意指相對性的平衡,任何一邊的瓶子都不能太滿,也不能太少。這個流動的過程就是淨化的時刻。這段時間之中,可以讓我們去思考、去修正,甚至於去改變自己,拋棄一些不好的原則、觀念。透過這個過程,你會漸漸發現,其實有些東西是可以很單純的。

從圖像元素看牌義

牌中的元素	要告訴我們的意義
大天使米迦勒(Michael)	榮耀守護者的帶領
頭上的圓形符號	象徵太陽、正確的目標
胸前的正方形、中間的三角形圖案	土元素及火元素的融合
兩只有水流動的金杯	理性與感性的交流
一腳在地上,一腳在水裡	意識(地)及潛意識(水)的調和
遠方發光的皇冠	抵達高我的道路

註:牌中文字於馬賽塔羅是「TEMPERANCE」,於托特塔羅是「Art」(藝術)。

「XIV・Temperance 節制」塔羅指數

牌的建議
正位★★★★：事情盡可能單純化，用心靈去溝通，互相信賴，能讓你穩定成長。

逆位★★★：消耗浪費，拋棄諸多要求。想發揮實力，就要多多與人交流溝通。

環境狀況
正位★★★☆：以單純而平凡的想法去思考、去交流學習，就能了解其重要性。

逆位★★☆：凡事沒有控制，造成了損失和消耗，要趕快檢討改善，別再耗損了。

關於愛情
正位★★★★：愛情進行中，彼此可以順利溝通，會讓愛加溫不少。

逆位★★☆：變化多端的狀況，兩人無法好好妥協，一段把握不住的愛情。

關於事業
正位★★★★：事業發展很順利，找到正確處理事情的方法，運用所學，一帆風順。

逆位★★☆：過度工作，不規則的生活，造成經常爭執、不滿，會帶來失敗。

關於財運
正位★★★★☆：金錢安排得當，可以有多的經費去旅行，讓自己多見世面。

逆位★★☆：無法控制用錢的方式，加上投資運氣不住，財富大失血。

❧ 倒牌逆位的意義 ❧

關鍵字
調整

彼此間不同的想法需要被中和、被調整，這是節制逆位所要傳遞的訊息。因為無論是堅持自己錯誤的原則，或想強行改變他人的觀念，抑或是表面妥協卻心有不甘，都會變成人與人之間的絆腳石！

為什麼過去有用的方法，現在卻不再管用？當出現這樣的疑惑時，我們就開始失去平衡了，覺得做什麼事情都不順利，甚至於開始失去信心。說真的，目前的狀況並沒有你想像中的那麼糟，只需要與人多點互動交流，打開心扉，信任別人的幫助，從不同觀點中發現新的建議，讓自己更有彈性。別把困難視為混亂，而是把它當作一個提醒：如何重新適應改變的衝擊，配合環境將自我原則做修正，並消除對立。溝通是一件十分重要的事，無論在愛情上、工作上……都是如此，因為人與人之間的默契就是靠著溝通而來。了解這個道理之後，你會願意檢視或調整自己的原則嗎？

打破框框 孟小靖的塔羅 擴大想像解牌法

我們不要把天使手中的兩杯水想得太複雜，就以生活中的事物來舉例，一杯熱水和一杯冰水，相互倒過來、倒過去，幾回合之後不就變成兩杯溫水了嗎？就是這麼簡單。這張牌告訴我們交流的重要性，以及保持彈性、接納不同想法的意義，慢慢從中體悟，你就會找到中庸之道。

逆位則反之。天使手中杯子裡的水全都溢出來了，就是因為意見無法融合，才導致危機發生。如果非得要每個步驟都照著你的意思走，繼續僵持下去，恐怕也沒有太多好處吧！

XV

The Devil

惡魔

欲望

最最盲目的支配。欲望達成會讓人得到短暫的滿足,但這確實是你夢寐以求或真正需要的嗎?超越物質,找到我們精神的目標,為每一個行動負責!

塔羅牌中編號「15」的「惡魔」,代表的是欲望。人的欲望是一種詛咒,會讓人變得邪惡。人會為了控制不了自己的欲望而犯罪,最後只有墮落,這是屈服、放任自己的欲望所產生的結果。人往往會不自覺的落入沉溺享受的陷阱之中,最終只留下滅亡。若可以用堅持的意志,擺脫邪惡的誘惑,讓自己不盲目的被玩弄、被操控,就不會落入陷阱,不會繼續向下沉淪,將可以東山再起,漸而好轉。欲望是無窮無盡的,但我們要學習控制自己的欲望,化阻力為助力。

從圖像元素看牌義

牌中的元素	要告訴我們的意義
公羊形象的惡魔	動物的本能獸性
長角、長尾巴的亞當和夏娃	顯露野性
脖子上的鐵鍊	欲望的束縛、不自由
倒立五芒星	邪惡的符號
左手向下的火炬	引導欲望的沉淪
全黑的背景	無光的世界,精神面的灰暗

註:牌中文字於馬賽塔羅是「LE‧DIABLE」,於托特塔羅是「The Devil」(惡魔)。

❧「XV・The Devil 惡魔」塔羅指數 ❧

牌的建議
正位★★★：控制好自己的欲望，克服自我的人性弱點，達成目標。
逆位★★☆：因欲望趨使而做出不正當的決定，落入陷阱，意志得堅強點。

環境狀況
正位★★★☆：試著脫離不良的誘惑，一切都在好轉中，從苦痛中解放。
逆位★★☆：惡魔般的誘惑使你墮落，嚴重的被物質所控制著。

關於愛情
正位★★☆：受到愛情誘惑而掉入陷阱，但對方並不是真心待你，還可能有多角關係。
逆位★☆：戀愛如果讓你感到痛苦，不如結束這段不能自拔的愛情。

關於事業
正位★★★☆：景氣漸漸好轉，克制欲望，最壞的時刻已經過去，該打起精神來了。
逆位★★☆：受挫很深，當時的意志薄弱，聽信敵人的花言巧語而失敗。

關於財運
正位★★☆：金錢困難找到解決方法，讓自己學著慢慢不在乎物質的享受。
逆位★☆：財務上的危機全部來自奢華的開銷花費，謹慎用錢就能度過危機。

倒牌逆位的意義

關鍵字
迷惑

當惡魔出現逆位的時候，就是你已陷入無法控制自己欲望的關卡了。欲望，有很多種。一般人說到欲望，常常會往性慾方面聯想，但是購物欲、控制欲、占有欲等也都是欲望的種類。總而言之，會有這些欲望的誕生，是因為自己在心靈上無法獲得滿足，只有透過達成外在或物質上的渴求來得到慰藉。

在塔羅牌中，惡魔算是比較負面情緒的牌，但是在我眼中，惡魔牌也沒有大家想像中的那麼可怕。不論是詛咒、墮落、執著或枷鎖，這些負面之詞出現的原因，就是被過多欲望所迷惑，而這是我在解讀惡魔牌逆位時最常用來詮釋它的關鍵語！

但是，欲望並不是萬惡的淵藪，有時反而是前進的動力，關鍵就在於該如何將欲望轉變為動力，而不是無理的需求。現在你的雙手正握著滿滿的欲望嗎？不妨試著空出一隻手，也許會有更豐富或意想不到的收穫喔！

打破框框

孟小靖的塔羅
擴大想像解牌法

被帶到惡魔身邊的人是你嗎？還是你正看著別人被被惡魔所使喚呢？人因為有欲望而產生動力，正因為想要得到，才能終有所得，但得到的東西真的是你需要的嗎？在我們的生活中，有許多事情是因為受到誘惑而做，往往在進行的當下充滿激情，事後卻後悔不已。我們應該要做欲望的主人，而不是僕人！

逆位則反之。人物換到上方，惡魔在下方，自以為能掌控惡魔的我們，殊不知這只是惡魔吞噬我們最後靈魂的小技倆！

XVI

The Tower

高塔

毀壞

最虛假的價值。你現在緊握在手上的,真的是你覺得重要的嗎?抑或只是不甘心,不願意放手呢?當這張牌出現的時候,就代表你正要改變了!

塔羅牌中編號「16」的「高塔」,代表的是毀壞。意料之外的致命打擊,不斷提醒你要小心,挫折會擊潰你的信心,並造成你的壓力。傳說巴比倫人因文明發達便無視於天神的存在,想打造一座通天塔,取代天神的地位,最後天神用雷電毀了這座塔,也徹底擊毀存在於人心中的信仰。不在計畫之中的意外,總是會令人感到遭受重擊,唯有堅定自己、相信自己,抵抗外界的刺激,謙虛的學習,放下身段,別讓一連串的失誤連累而陷入困境,才能安然度過。

從圖像元素看牌義

牌中的元素	要告訴我們的意義
高塔	物質的閉鎖、狹隘
上天降下的落雷閃電	意外的劇變、神的閃現
掉落的皇冠	物質的破壞、消失
二十二個火花	象徵塔羅牌二十二張大牌
向下掉的人	衝擊動搖後的解放
全黑的背景	黑暗期、失去安全感

註:牌中文字於馬賽塔羅是「LA‧MAISON‧DIEV」,於托特塔羅是「The Tower」(塔)。

❦ 「XVI・The Tower 高塔」塔羅指數 ❦

牌的建議

正位★★☆：致命性的打擊，別忘了要對自己有信心，堅定意志便能度過難關。

逆位★★：大災難來臨的前夕，暴風雨前的寧靜，此時必須靜下心來準備背水一戰！

環境狀況

正位★★☆：紛爭又混亂的恐怖狀態，小心突然發生改變現狀的意外事件。

逆位★☆：壓力莫名而來，要嚴謹行事，慎重待人，才能減少糾紛的產生。

關於愛情

正位★★：彼此間情緒大爆發，使愛情發生重大變故，導致情感受到外力介入。

逆位★☆：熱度減退，卻選擇視而不見，讓兩人的交往變得沒有誠意。

關於事業

正位★★：小毛病很多而引起責難，遭受自我認同的挫折，形成忿忿不平。

逆位★☆：過於自大，導致情勢大失控，讓你遭受到打擊與折磨。

關於財運

正位★★：發生很大的糾紛，金錢流失速度十分迅速，得小心破產的可能。

逆位★☆：請先多留下一些積蓄，防止措手不及的意外狀況，避免產生金錢危機。

❀ 倒牌逆位的意義 ❀

如果我問：在塔羅牌二十二張大牌中，最壞的牌是哪一張？相信很多人會回答「高塔」。當然，被雷所擊中的高塔確實是大糟糕，這樣的災難任何人都避之唯恐不及。

動彈不得、無能為力、麻煩與破壞，還有性衝動，都是高塔逆位的意涵。更深入的說，當高塔出現逆位時，不僅僅只是在告訴我們意外的摧毀，甚至連地基都會崩陷，代表著舊有習慣或事物的崩塌。看到這樣的毀壞，我們有時會選擇以謊言來欺騙自己，當作從未發生，或者是透過情緒爆走來發洩不滿與憤怒，但這些都無濟於事，最終還是必須面對與接受。

不要只想著急迫的逃離，請換個角度思考，重新選擇自己要看的風景，你會發現雖然塔崩壞了，前方卻可以看到一片令人豁然開朗的景色。請接受自己歸零的狀態，面對改變的一刻，別再沉溺於身不由己的無奈。如何能在瓦解後重新獲得力量？保持鎮定，平心靜氣，就是最好的療方。

打破框框 孟小靖的塔羅 擴大想像解牌法

意外，每個人都可能遇到，就像被落雷擊中的塔一樣，根本無法預料，一旦真的遇上了，或許也只能和高塔牌中的人物一樣，為了保命而往下一躍，但真的只有這個方法嗎？意外、災難的來臨，是每個人都不樂見的，千萬別因為受到驚嚇而自亂陣腳，要盡快平定心緒，選擇面對的方式。

逆位則反之。整個塔可能完全掉落，已經被破壞的建築物地基也很可能會崩塌，如此一來，唯一能做的就只有接受這一切，然後重新建設。

XVII

The Star

星星

最美好的相信，來自一種認定明天會更好的希望，來自一個充滿信心的富足靈魂，當我們回歸最原始的自己，心平氣和就是你精彩的人生展現。

塔羅牌中編號「17」的「星星」，代表的是希望。一個由夢想所帶來的希望，就像能帶來歡樂一樣，進而帶領著我們迎向美好，一切都可以心想事成。然而，人雖然可以擁有夢想，卻要小心夢想變成幻想。夢想是激勵我們前進的動力，而幻想卻只是空談，眼高手低的行事，加上得失心人強，忽略了理想和現實之間存在很大的差距，一旦期待落空就會有強烈的失落感，造成了你的失望和痛苦。因此，我們應該要先立定目標，才能朝著夢想大步邁進。

從圖像元素看牌義

牌中的元素	要告訴我們的意義
赤裸的女子（星星女神）	沒有束縛、純潔的象徵
一腳在地上，一腳在水裡	意識（地）及潛意識（水）的調和
一壺注入水中	生命之水回歸潛意識
一壺灌溉大地，分為五道水流	意識面的五種感官
一顆八角星及七顆小星星	天狼星、預測命運占星運行
朱鷺	知識之神托特的象徵

註：牌中文字於馬賽塔羅是「L'ETOILE」，於托特塔羅是「The Star」（星星）。

❧ 「XVII・The Star 星星」塔羅指數 ❧

牌的建議

正位★★★★：努力有了成果，可放心去做心中想做的事，發展會朝著預期走。

逆位★★★：期望越高，失望越大，不切實際的想法總是會讓你事與願違。

環境狀況

正位★★★★：前途充滿光明希望，願望輕易實現，獲得想得到的援助。

逆位★★★：想得太美好，心裡所要的無法符合實際，失望來自與別人不能契合。

關於愛情

正位★★★★☆：把握戀愛機會，理想之中的對象會出現，多點相處互動吧！

逆位★★★☆：拖拖拉拉的戀情，已經不愛對方了，寧可選擇一個人的平靜。

關於事業

正位★★★★：成為別人焦點，讓你理想實現，得到豐富的收穫與成長。

逆位★★★：目標訂得太過遠大，造成凌亂失焦的狀況，與實際有一段差距。

關於財運

正位★★★★：運氣不錯，平穩的經濟中還會有意料之外的財富入帳。

逆位★★☆：經濟發生問題，情緒化的行為使花費增加，預算中的金錢會無故浪費。

❧ 倒牌逆位的意義 ❧

我們可以對生命中的任何事物都保持著希望，但好像常常不小心就把希望逐漸擴大，灌注越來越多的渴求，衍生越來越深的期盼，最後如果無法成就與你心中所想相符的結果，不就只能接受期待落空的情緒嗎？所以才會有「希望越大，失望越大」的說法。

不平靜、失望、不滿意、挫敗及不平衡，這些負面情緒都發生在星星逆位的時候，它所要傳達的訊息是：太過於執著一件事情的話，就會讓你忘了體會在這過程中的點點滴滴，錯過不在預期之中的收穫；也可能因為當下的不平靜，讓你更急躁的想要有所成果，反而造成錯誤百出、挫折連連，最後導致自信喪失，甚至於懷疑自己的能力，讓自己更無確實目標，變成只會空想而不敢有實際行動的人。

放下過多的期待，告訴自己凡事盡力就好，這就是所謂的「盡人事，聽天命」的道理。現在的你就只需給自己更多信心！

打破框框 孟小靖的塔羅 擴大想像解牌法

有流星！大家都有對著星星許過願望的經驗吧？回憶那個瞬間，是不是覺得心靈平靜呢？就如同星星牌上最大、最閃亮的星星一般，照亮著大地，讓象徵純潔的裸身女子用水滋養大地。星光是一種夢幻而令人充滿希望的存在，望著星光，令人不由得會在心中點燃火花，為自己許下一個理想目標。

逆位則反之。顛倒的水瓶被迫將水回收，寓意無法去追求自己想獲得的成果。位於下方的星星，也如同掉落的流星，不再發光，代表因希望落空而感到焦躁。

XVIII

The Moon

月亮

關鍵字
不安

　　最豐沛的情感。情感太豐富會讓人變得很愛胡思亂想，不論是懷疑別人，還是不信任自己，都讓人不安。請學著看清實相，碰觸實質存在的事物。

　　塔羅牌中編號「18」的「月亮」，代表的是不安。在暗夜之中的一絲亮光，那就是月光，象徵著隱藏在人內心之中的潛意識。月亮的陰晴圓缺不停變化，這種不確定性會造成不安定的感覺；狼與狗象徵本性，代表想要追求某個事物卻又不敢前進的心，因而感到迷惘。推究迷惘的原因，就在於根本不知道、不清楚、不了解自己面對的是什麼樣的問題。千萬別為了「不安」的感覺而不敢行動，此時更應該冷靜思考，謹慎行動，看看事件如何變化，再進一步去破題化解。

從圖像元素看牌義

牌中的元素	要告訴我們的意義
岸邊的龍蝦	深處潛意識的情緒
未知的小徑	不安的前進
右方的狗	馴服與協助的人性
左方的狼	危險的本能獸性
高聳的雙塔	遠方的目標
日蝕的月亮臉孔	形成恐懼的微弱光芒

註：牌中文字於馬賽塔羅是「LA・LUNE」，於托特塔羅是「The Moon」（月亮）。

「XVIII・The Moon 月亮」塔羅指數

牌的建議

正位★★☆：疑心病作祟，有幾分把握才說幾分話，千萬別亂下結論。

逆位★★★☆：情況慢慢好轉，但多愁善感與胡思亂想還是會造成誤會喔！

環境狀況

正位★★★：充滿著不穩定的感覺和不穩定的心情，要小心四周的敵人。

逆位★★★☆：疑團逐漸明朗化，即將真相大白，脫離別人所設計的陷阱。

關於愛情

正位★★☆：情感豐沛的你容易感受波動，為戀情感到不安，是盲目的愛。

逆位★★★☆：越來越多的相處，總算看清楚現在的愛情是虛偽不實的囉！

關於事業

正位★★☆：充滿欺騙與不穩定，人事干擾太多，感情用事，很不可靠的工作。

逆位★★★：訊息明朗化與資訊累積，可以逃離被陷害的危機，情況會稍稍好轉的。

關於財運

正位★★：詐騙常常找上你，要小心別上當破財，容易相信別人的你要多問、多確認。

逆位★★★：借出去的款項開始回收，收入稍微平穩一些，但還是要小心使用才好。

❧ 倒牌逆位的意義 ❧

你是否也有這樣的感覺：做事不困難，但做人好難！會有這種感慨，表示你曾經或正掉入處理情緒問題、人際關係的泥淖。不過，請別這麼憂慮或擔心，當月亮出現逆位時，大多是偏向漸漸好轉的解釋，月亮牌所象徵的情感豐沛與胡思亂想也會慢慢減少，因為由時間所帶來的資訊，讓我們看到了更多知識面下的實相，它是真實的樣貌，不再是我們自己腦海裡的幻象。

打破了自我的幻想，知道什麼是真、什麼是假，我們就可以更有建設性的執行很多事，不再疑惑，當然也就可以克服很多誘惑與欺騙，把前方模糊不清的道路看得更清楚，讓心靈逐漸變得堅定，也不再為自己所想像出來的懼怕而不安，而是相信自己的直覺，信賴內心的指引。

打破框框

孟小靖的塔羅
擴大想像解牌法

猛然看到這張牌，彷彿印象裡的恐怖場景躍然眼前。高掛的月亮，黑夜中的狼嚎，這不安的感覺是不是會讓你心跳加速、不斷的吞嚥口水呢？搞不好，下一秒就會有怪物出現了！這是真的嗎？抑或只是情感豐沛下的胡思亂想呢？面對未知，任何人都會緊張，別忘了要多了解狀況、多收集資訊，就能穩定心緒，這也就是照亮黑暗的光。

逆位則反之。月亮已落下，就表示黎明將要來臨，恐懼即將散去，雖有不安，但情況漸漸明朗，也逐漸能夠掌握局勢。

XIX

The Sun

太陽

熱情

最快樂的表達，生命就該如此！活力為我們帶來喜悅，讓我們覺得有趣，開心的接收生活中發生的點點滴滴，並感恩的給予熱絡回應。

塔羅牌中編號「19」的「太陽」，代表的是生命。太陽光無私無偏，照射在大地的每一個角落，孕育新的生命，給人光明美好、活力開朗的印象。太陽充滿了能量，也是地球上生命賴以生存的要件之一，帶領你積極衝刺、努力向前，讓自己進入人生的顛峰期。相反的，如果失去了太陽的活力，將會失去動力，做任何事情都無法長久，做什麼就搞砸什麼，陷入人生低潮期，讓人完完全全喪失能量，這時不妨休息一下，等待日出，凝聚鬥志後再出發。

從圖像元素看牌義

牌中的元素	要告訴我們的意義
發光的太陽	萬物的源頭、慷慨的滋養
背後灰色的牆面	跨越人造的框架
白色的馬	純潔的象徵
赤裸的小孩	純真的熱情活力
左手裡的紅旗幟	用潛意識控制行動力
向著孩童的向日葵	追隨孩子的光與熱

註：牌中文字於馬賽塔羅是「LE‧SOLEIL」，於托特塔羅是「The Sun」（太陽）。

「XIX・The Sun 太陽」塔羅指數

牌的建議
正位★★★★★：屬於活躍期，精力充沛的未來，讓你充滿光明美好。
逆位★★★：活動力變弱，要打起精神來，讓自己恢復士氣，不然會更加消沉的。

環境狀況
正位★★★★☆：體力充沛，精力旺盛，溫暖舒適，處於健康、快樂的狀態中。
逆位★★★：生活上的活動力減退，拙於社交，不想互動，人際關係變差。

關於愛情
正位★★★★☆：可以分享愛情裡的所有喜悅、甜蜜，多去共創一些回憶吧！
逆位★★☆：對方慢慢的疏遠，兩人熱情不再，懶得經營情感，幸福漸漸瓦解。

關於事業
正位★★★★☆：光芒四射，衝勁十足，熱情認真，活躍於工作，成果大有進展。
逆位★★★：計畫中的事情沒有進展，垂頭喪氣的你，提不起精神與元氣。

關於財運
正位★★★★★：讓自己熱力爆發，大發財，心想事成，想什麼就來什麼！
逆位★★☆：金玉其外，敗絮其中，只重視外在打扮，並無收穫。

倒牌逆位的意義

關鍵字
消退

即便你是一個樂觀開朗的人,也不可能時時刻刻都保持活力吧!雖然大多數的逆位牌都有一些負面的意思,但太陽牌的逆位頂多只是衰弱一些罷了,還是有很正向的意義存在喔!

身心疲憊、故作堅強、人來瘋的自信過度、刻意掩飾自己的情緒等,都是逆位太陽所呈現出來的狀況。說真的,若是每天都要非常光明正向,那還真的挺累人的,如果我們了解了自己的陰暗面,用一種接受的態度來面對,偶爾顯露出的負能量,只是一種正確的釋放,讓我們能夠獲得一些喘息的空間。相信人人都需要這樣的喘息空間,對吧?就讓自己重新充個電,累積一些能量吧!如此一來,我們才能對付一些看起來沒這麼嚴重的小麻煩,至於需要我們專注解決的大困難,也只要勇敢的正面迎擊,經過努力,一定可以再度擁抱幸福快樂的,因為狀況真的沒有你想得這麼差。

打破框框 孟小靖的塔羅 擴大想像解牌法

咦!向日葵不是應該朝向太陽嗎?怎麼會朝向前面雙手敞開的快樂小孩呢?是的,就跟你心中想像的一樣,孩子的熱情與活力超越了萬物所需的陽光。你呢?現在是你發光發熱的時刻嗎?如果是,那就全力衝刺,一邊感受生命力,一邊開懷的笑著、活著!

逆位則反之。太陽好像正要西下,花朵也像是被摘下來的乾燥花,最重要的是即將從馬背跌落的小孩,可能是因為連用雙腳夾住馬背的力量都失去了,所以只能有氣無力的癱軟著。

XX

Judgement

審判

復活

　　最最清楚的判斷。不再猶豫不決，也明白了這段生命旅程中所帶來的成長與獲得。相信自己所做的決定，會為你帶來好消息！

　　塔羅牌中編號「20」的「審判」，代表的是復活。它的意涵比較深奧，包括精神上的再生、物質上的失而復得、事件的真相大白等。人經過時間的洗禮，有些思緒、想法會漸漸被遺忘，而審判牌之中墓地的往生者完成了人生旅程，期待下次轉生的心靈再生，恢復動力再度出發，所有的事情都逐漸走向上坡，心靈得到安慰。

　　該如何去做，只有自己最清楚。肯定不是來自他人，而是自己給的。審判牌也或許是個大逆轉，千萬別忘記：榮耀是給予真正認真努力的人。

從圖像元素看牌義

牌中的元素	要告訴我們的意義
吹著號角的大天使加百列（Gabriel）	傳遞福音、迎接解放
紅十字旗幟	療癒復活後的平衡
復活的死者	重新恢復活力
打開的棺材	跳脫物質下的舊模式
伸出手的姿態	大方的接受呼喚
遠方的高山	靈性的高峰

註：牌中文字於馬賽塔羅是「LE‧JUGEMENT」，於托特塔羅是「The Aeon」（新紀元）。

❧「XX・Judgement 審判」塔羅指數 ❧

牌的建議

正位★★★★：努力付出的成果，在此刻逆勢上揚，開始嶄露頭角。

逆位★★☆：學著果斷的下決定，無論多麼舉步維艱，仍要努力向前。

環境狀況

正位★★★☆：有逐漸走上坡的機會，有力的決斷是復興的奇蹟，這是一種體認！

逆位★★☆：三心二意的諸多考慮，使得想東山再起還必須浪費更多時間。

關於愛情

正位★★★★☆：愛情感覺恢復，坦誠面對彼此，說真心話可以得到喜悅。

逆位★★：對於過去無法忘懷，就不可能重新開始，讓自己先整理整理心情吧！

關於事業

正位★★★★：過往努力所累積的能量展現，升官發財的時候到了，直上青雲。

逆位★★☆：心有餘而力不足，衰弱造成停滯狀態，無法改善現在的困窘。

關於財運

正位★★★★：好運來臨了，先前的投資開始造成大幅度的收入增長。

逆位★★：因為漏失訊息、不注意理財而失去一大筆財富。

❧ 倒牌逆位的意義 ❧

到底該如何下決定呢？當你三心二意時，你會怎麼讓自己走出優柔寡斷的狀況呢？心中已有定見且極力想要達標的你，必須相信改變，做出決定。

審判牌逆位時告訴我們的訊息包括拖延、不面對現實、找藉口，還有猶豫不決，這些都是我們應該要注意的事。現在的你真的需要拿出決斷力，事情再擺下去，不可能在某一天就自己突然解決，還是需要你調整心態，讓自己願意去面對，這也許是一個讓你長大成熟的過程。面對的時候到了，這次不管你是不行，還是不想，都得去處理了。

這些過程與經驗會讓你印象深刻，了解到你的抉擇不單單只是影響自己，也有可能對整個事情的發展造成變化，因此必須謹慎考慮再行動，或許還得經過複雜的體驗、接受挫折的襲擊，但現在的決定將能帶領你前進未來，看到新的方向。

打破框框

孟小靖的塔羅
擴大想像解牌法

天使吹響的號角會是什麼樣的旋律呢？有人說，音樂可以讓人感覺到救贖，又是什麼原因呢？會不會前世或前前世曾經聽過，累世而來存於記憶深處，因而對此聲音有如此敏銳的感應呢？相信你一定也有聽到某段音樂、看到某個場景就回憶湧上心頭的經驗，不管你想不想感受這些過往，都無法任意抹殺，因為過去的每一個決定與選擇，才成就了現在的你。
逆位則反之。人已經脫離棺木，卻還是要下方的天使引導前進。你是能領人前行的天使？還是只是隨波逐流的角色呢？

THE WORLD.

XXI

The World

世界

達成

　　最圓滿的成功，是一種和諧之下的美好，不需任何妥協，大家都感覺到十分滿足，這樣的平安喜樂，符合了眾人的期待，當然也讓你堆起滿滿的笑容。

　　塔羅牌中編號「21」的「世界」，代表的是達成。這是塔羅牌中的最後一張牌，結局圓滿，大功告成，是一種完美的意境。你已經歷經了種種考驗與磨難，在這之中不斷學習和成長，終於達成目標，可向下一個新起點大步挺進了。無論先前受了多大的苦痛、多少的委屈，一切都有所成就，開出了人生的花朵，結成甜美的果實，現在只要你能知足，愛情、生活、事業都會順心如意，而你的未來也會按照你的規畫順利發展。

從圖像元素看牌義

牌中的元素	要告訴我們的意義
跳舞的女子	自由的快樂
身上的紫色布幔	神性在我，靈性共有
兩手上的雙權杖	進與退的自在選擇
四個角落的人首、鷹首、牛首及獅首	象徵四元素的完整
圓形的桂冠花圈	圓滿、成功
上下兩條紅色緞帶隱藏的無限大（如 8 橫放）	永恆的意涵

註：牌中文字於馬賽塔羅是「LE．MONDE」，於托特塔羅是「The Universe」（宇宙）。

❧「XXI‧The World 世界」塔羅指數 ❧

牌的建議

正位★★★★★：只要有目標，歷經努力與奮鬥，所有的事都能成功如意。

逆位★★★：缺乏正確的分析判斷造成不圓滿，做點跟平常不一樣的事吧！

環境狀況

正位★★★★★：每個條件都達到圓滿的狀態，照這樣下去必然會有一番成就的。

逆位★★★：計畫尚未成熟，不正確的處事方法，無法完成預期目標。

關於愛情

正位★★★★☆：天生的一對，會有圓滿的結局，享受幸福美滿的未來吧！

逆位★★：猶疑不決造成分離，不圓滿的戀情，考慮重新來過會比較好。

關於事業

正位★★★★：目標達成，任務順利完成且受到獎勵，獲得想要的成果。

逆位★★☆：目的不明確，使得計畫只能半途而廢，當然無法如預期順利完成。

關於財運

正位★★★★☆：招財進寶，福祿雙全，讓你可輕鬆獲得一筆很大的財富。

逆位★☆：墨守成規的用錢方式，不知變通，經濟狀況造成危機。

❧ 倒牌逆位的意義 ❧

關鍵字
停滯

來到塔羅牌二十二張大牌中的最後一張，正位象徵著完美圓滿，你所在的環境也確實令人感到舒適，但現在的你並沒有這樣的感覺，反而覺得心頭空空的，這其實就是逆位世界要點破的事情。

大家認定的好，不見得是你想要的好，而未完成、不完美及無法變通都是世界逆位的意思。突然間，對很多事情產生負面想法，不想做這個，不願意接受那個，或是結果不如預期，彷彿缺了臨門一腳的滋味讓你不舒服，但若從另一個角度來看，這些小小的不完美很可能是在告訴你：別事事要求完美，順其自然或許是福不是禍，當你吹熄眼前注視著的蠟燭時，才會赫然發現窗外皎潔的月光幽靜灑落。

當然，世界逆位也可能是在提醒你，單單完成一個旅程對你來說是不夠的，你還要準備再一次的出發，把握一個新機會，再去體驗一次新的愚者之旅，重新去經歷和體會，看看是不是能有新的斬獲。

打破框框 孟小靖的塔羅 擴大想像解牌法

你曾經因為開心而不自覺的跳起舞來嗎？透過身體的律動來表達喜樂，確實很能釋放奔放的情緒，看到世界牌中的少女是不是就有這樣的感覺呢？無論是為他人演出，或者只是自己找樂子，都是令人開懷的事。相信現在的你正處於平和的最佳狀態，請記住這美好的時刻。
逆位則反之。上下顛倒的少女不再舞蹈，手上的權杖也會掉落，這些無法掌控的狀況可能造成不完美的局面，也有要你重頭再來的意思。

繪國守護者塔羅牌
Oze69 Watchers Tarot

作者：吳九貓（Ninecats Wu）
發行：個人創作

臺灣原創的動漫風格塔羅牌藝術作品。作者創造了一個屬於自己的國家，在繪國度的世界中，每一張牌都是繪國度裡的國民，使用塔羅牌能召喚與你投緣的角色，看顧、守護你的選擇，引導至光與愛的靈性旅程。

鍊金術女神塔羅牌
Alchemia Tarot，
アルケミア・タロット

作者：森林あこ＆貴希
發行：實業之日本社

實現轉型的靈魂，誕生出愛與光明，閃爍著前所未有的塔羅牌光芒，高貴的藝術插畫建構出夢幻的潛意識世界。鍊金術女神塔羅牌不再去強調生活中的恐懼，讓你不再害怕面對內心深處。

妮可麗塔塔羅牌
Nicoletta Ceccoli Tarot

作者：Nicoletta Ceccoli
發行：Lo Scarabeo

作者是世界著名插畫家，她筆下的經典人物散發著無辜又不安的氣息，但又能讓人感覺到一股勇敢面對現實生活的力量，而現在她把這樣的風格挪到了塔羅牌上，在奇幻世界中自由揮灑、來去自如，溫柔撫觸著我們的潛意識。

生活之樂塔羅牌
Joie de Vivre Tarot

作者：Paulina Cassidy
發行：U.S. Games

來自法文 Joie de Vivre 的生活之樂塔羅牌，給大家帶來了喜悅，是鼓舞人心的生活藝術家。作家以獨到的眼光、幻想的風格，創造出天馬行空的童趣氛圍，利用迷人的新人物來通過一連串奇妙的旅程，讓我們在占卜之時彷彿重溫孩提時光。

夢想之路塔羅牌
Dreaming Way Tarot

作者：Rome Choi & Kwon Shina
發行：U.S. Games

這副精緻的塔羅牌洋溢著當代藝術風格。在大阿爾克納方面，各個角色都是穿著時尚的人物；而小阿爾克納方面，在場景和符號上注入了新想法與新生活，探討命理及元素的影響，創新詮釋塔羅意義。

魔法森林塔羅牌
Tarot of the Magical Forest

作者·唐唐
發行：尖端出版

臺灣原創，運用童話的元素，以繪本方式呈現。動物大大的眼睛和擬人化的動作，柔和的色調與筆觸，讓人有一股溫柔的感覺，似乎這世界再也沒有什麼事值得我們去煩惱、去計較的，讓人瞬間覺得心情輕鬆起來了呢！

馬卡龍塔羅牌
Macalon Tarot

作者：Kato Macalon
發行：個人創作

實在是太可愛了啦！把這麼可愛的塔羅牌取名為馬卡龍，果然就像是一道精美的甜點，令人愛不釋手。整套牌以精緻鐵盒包裝，可愛度又更加分，而牌圖中的元素與架構還是依照傳統偉特塔羅牌米繪製，所以在實際運用上也沒問題，兼具收藏與實用價值。

提洛塔羅牌
Delos Tarot

作者：Delos
發行：個人創作

提洛島（Delos）是愛琴海上的一座島嶼，在希臘神話中，這個小島是女神的居住地。這副牌以偉特塔羅牌為基礎繪製，裡面的人物角色既可愛又感性，在色彩表現上有一種類似彩繪玻璃般的高色彩飽和度，是一套絢麗的作品。

快樂塔羅牌
Happy Tarot

作者：Serena Ficca
發行：Lo Scarabeo

相信幸福可以改變世界，十分可愛又充滿童趣的作品，讓我們在使用快樂塔羅牌占卜時，彷彿沉浸在一個完美又開心的歡樂時光之中。藍天、綠地、紅蘋果，還有黃色的太陽，多彩的牌卡令人看了很開懷，鼓舞著我們以一顆真誠的心微笑看世界。

璀璨童話：寶石公主塔羅牌
Jewelrincess of Fairytale: Jewel Princess Tarot

作者：孟小靖 & 憂 Yuu
發行：九韵文化

精緻絕美的畫風，除了將你我記憶之中的童話故事重新詮釋之外，還創新設計了八角形牌卡，象徵著一顆顆的寶石。這是一副結合星座、寶石及塔羅能量的塔羅牌，交織出二十二幅美妙童話，讓我們找回最初的自己，還有那顆懷抱夢想的心。

請掃描 QR code 欣賞各式塔羅牌

豐富人生
小阿爾克納元素故事

完整的七十八張塔羅牌中，除了二十二張大阿爾克納之外，另外就是分成四個元素的五十六張小阿爾克納了，分別是火（權杖）、水（聖杯）、風（寶劍）及土（錢幣），也就是所謂的小牌。

在這五十六張牌卡之中，相較於大牌的畫面，小牌更能直接而清楚的說明一個行動、表現一個場景，或是一種情緒，多了五十六張小阿爾克納的搭配，讓我們可以更直白清晰的看到一些真實的反應。

小阿爾克納結構

小阿爾克納五十六張	火（權杖）、水（聖杯）、風（寶劍）、土（錢幣）	意義
數字牌四十張	四元素的 1 ～ 10	事件感受
宮廷牌十六張	四元素的隨從、騎士、王后及國王	個性角色

其中四元素分別各有 1 ～ 10 的數字牌，一共是四十張的數字牌，對應我們面對事件發生前後的情緒。另外，四元素又分別有隨從、騎士、王后及國王等四位人物角色，一共是十六張的宮廷牌，通常會代表角色的個性、人格特質及社會位階等，經過這樣的相互連結，就更能清楚顯示問題中所遇上的狀況，進而找出相對應之道。

❦ 細數人生，小阿爾克納數字牌的結構 ❦

在小阿爾克納的數字牌中，跟西洋神祕學的生命靈數（靈數學）有很大的關聯性，也有人說卡巴拉生命之樹中除了二十二條路徑對應二十二張大牌外，當中的十個質點（Sephiroth）也與小阿爾克納數字牌 1～10 的意義類似，彼此相互呼應。搞懂小阿爾克納數字牌的結構，便能運用四個元素的情緒行為面向，結合各自十種不同階段的事件感受，延伸出四十種變化，讓我們能更透徹了解內心深層的聲音。

小阿爾克納數字牌的結構

四十張數字牌 代表涵意	權杖（火） 展現行動	聖杯（水） 豐沛情感	寶劍（風） 溝通交流	錢幣（土） 務實財富
1 開始與完全	權杖 1 行動的開始	聖杯 1 關係的開啟	寶劍 1 計畫的開創	錢幣 1 實質的開端
2 合作與對立	權杖 2 實質的決定	聖杯 2 分享的決定	寶劍 2 信仰的決定	錢幣 2 靈活的決定
3 共享與改變	權杖 3 地位的進展	聖杯 3 歡樂的慶賀	寶劍 3 悲痛的理解	錢幣 3 實務的成長
4 穩固與保護	權杖 4 環境的安定	聖杯 4 情緒的平靜	寶劍 4 暫緩的休息	錢幣 4 財富的鞏固
5 失落與衝突	權杖 5 改變的掙扎	聖杯 5 分離的失落	寶劍 5 爭吵的紛擾	錢幣 5 經濟的貧困
6 慈悲與和善	權杖 6 具體的成功	聖杯 6 童年的擁抱	寶劍 6 回憶的療癒	錢幣 6 財務的穩定
7 機會與奮鬥	權杖 7 堅持的挑戰	聖杯 7 目標的追尋	寶劍 7 可能的機會	錢幣 7 重大的決策
8 內省與行動	權杖 8 迅速的活力	聖杯 8 反思的遠離	寶劍 8 擺脫的抉擇	錢幣 8 專注的獲得
9 累積與體悟	權杖 9 回顧的評估	聖杯 9 價值的滿足	寶劍 9 強迫的檢視	錢幣 9 成就的報酬
10 圓滿與釋放	權杖 10 過多的負擔	聖杯 10 團體的和諧	寶劍 10 壓垮的釋放	錢幣 10 穩固的延續

扮演人生，小阿爾克納宮廷牌的十六個角色

　　宮廷牌代表不同階段的人物角色，在古老的塔羅牌畫面繪製中，馬賽系統的傳統塔羅牌在數字牌上還未有清楚的圖案呈現，但在宮廷牌上則已經把人物的樣貌描繪出來了，表現出當時不同年齡、不同身分及不同職位的角色；到了偉特塔羅系統後，就更能從牌的畫面之中看出每一個宮廷角色的性格。

　　四位宮廷角色——國王、王后、騎士及隨從，對應四元素，而同年齡階段的角色，透過不同特質的人格變化，發展出了十六張的宮廷牌人物角色。運用在塔羅占卜上，可以幫助我們窺探問題中關於「人」的想法與影響。

宮廷牌人物角色

宮廷人物	人格特質	人物年齡	元素表現	社會角色
國王	領導者	老年	（土）務實財富	權威的父親或長者
王后	照顧者	熟齡	（水）豐沛情感	妻子或母親的角色
騎士（王子）	探索者	青年	（火）展現行動	展開冒險的行動家
隨從（公主）	學習者	少年	（風）溝通交流	充滿熱忱的年輕學子

十六張宮廷牌元素特質對應

		權杖（火） 展現行動	聖杯（水） 豐沛情感	寶劍（風） 溝通交流	錢幣（土） 務實財富
國王	土	權杖國王 （火）之土	聖杯國王 （水）之土	寶劍國王 （風）之土	錢幣國王 （土）之土
王后	水	權杖王后 （火）之水	聖杯王后 （水）之水	寶劍王后 （風）之水	錢幣王后 （土）之水
騎士（王子）	火	權杖騎士 （火）之火	聖杯騎士 （水）之火	寶劍騎士 （風）之火	錢幣騎士 （土）之火
隨從（公主）	風	權杖隨從 （火）之風	聖杯隨從 （水）之風	寶劍隨從 （風）之風	錢幣隨從 （土）之風

行動之火──權杖牌組

象徵火元素的權杖，代表了活力、行動力與熱情，當然也就會有衝動、暴躁及不耐煩等負面狀態出現。火元素也是能量與生命力的代表，願意接受挑戰，樂於與人互動，這樣的積極交流將為你的人生開啓新的一頁。

「我見故我得」的信念就是權杖牌組角色的最佳寫照。展開如火燄般的行動，積極接受人生中不同的挑戰，其實就和占星學中火象星座（獅子、牡羊及射手）的個性一樣，經歷過這些冒險與挑戰，更能激發出自我的潛力，不是嗎？所以有關運動、遊戲及戶外大自然……也都是權杖牌組想傳達出來的訊息與意義。活著就是要動，動才能感覺活著，這樣兩相呼應就能看到自我的存在價值了。如果在占卜時，出現很多權杖牌組，表示事情正快速發展，當下的行動就顯得十分重要了。

權杖牌組	宮廷牌角色	火象星座對應	中世紀階級	季節
權杖國王	（火）之土	獅子座		
權杖王后	（火）之水	牡羊座	農民	春
權杖騎士	（火）之火	射手座		
權杖隨從	（火）之風	無		

Ace of Wands

權杖 1

起始

　　從雲朵伸出一隻握住權杖的手，而權杖上發芽的新葉象徵著新生命，或是新事物的開端。

　　現在的你適合朝著全新的方向前進，這是一個新的機會，你將能看到這個行動所帶來的美好未來。目前也是充滿活力、精力旺盛的階段，能帶領你到一個新的領域，對於你付出的熱力，周遭的環境也會給予熱烈的回應。就讓蓄勢待發、企圖心強盛的你動起來，去做出一些新成果吧！在這樣的過程之中，除了自我成長，也有可能交到新朋友、發現新潛能喔！

從圖像元素看牌義

牌中的元素	要告訴我們的意義
握住權杖的手	強勁、堅定
從雲中伸出的右手	行動力
發芽綠葉的權杖（火炬）	生命力、成長
飄散的葉子（飛舞的火苗）	爆發力、活力
樹木風景及河流	肥沃、源源不絕
遠方的高山城堡	頂峰的成就

註：牌中文字於馬賽塔羅是「I」，於托特塔羅是「Ace of Wands」（權杖王牌）。

❧ 「Ace of Wands 權杖 1」塔羅指數 ❧

牌的建議
正位★★★★☆：自我成長的靈感萌芽，只需發揮創意，讓熱情誕生吧！
逆位★★☆：勉強而為、心口不一將造成途勞無功。

環境狀況
正位★★★★☆：機會來臨，助力增加，動力滿滿！
逆位★★★：機會稍縱即逝，可要看準才能好好把握！

關於愛情
正位★★★★☆：熱情行動會讓你嘗到甜頭，對方也會給予正面回應。
逆位★★★☆：雖然憧憬這段感情有所發展，但不如預期，再加把勁！

關於事業
正位★★★★：新的計畫與想法，讓你可以運用創造力來表現自己。
逆位★★☆：太過草率的開始，現在還不是你該全力以赴的時機。

關於財運
正位★★★★☆：是時候為自己規畫大項目的投資，可以準備買車、買房了。
逆位★★★：只是為了滿足想花錢的衝動，不一定能買到開心！

❧ 倒牌逆位的意義 ❧

關鍵字
沮喪

權杖 1 倒過來的時候，樹葉變成了逆生長的狀態，是不是令人感到十分沒有生命力呢？逆位的權杖 1，象徵著健康及精神狀況不佳，你會開始感覺到很多事務逐漸停擺，周遭的環境狀況也不如預期，無法給你支援及鼓勵，這樣會不斷消磨你的熱情；接下來，進步與成長速度也會變慢，漸漸不願意面對新事物，寧可暫時接受過往勉強及格的舊規則。行動受阻、無精打采、能量不足、自信缺乏都會造成猶豫不決，而這些都是權杖 1 逆位的意思。或許目前需要一些時間度過無法發揮潛能的時期，不妨先找找解決問題的方法，別徒勞無功的虛耗精力。

Two of Wands

權杖 2

觀望

　　是時候接受新挑戰了！已經擁有成果的你，現在到底還能做些什麼呢？握住權杖與地球的你，腦子裡是否正在思考什麼，是否正盤算著要下什麼決定？手中的那個地球對你來說，會不會只是一個小世界，不夠全面，不夠宏觀？

　　牌中人物望向遠方的樣子，正是在告訴你：踏出現在的小確幸，舉目所及都是你可行的道路，既清楚又無害。跨出城牆是重要的一步，再一次跟人群接觸，再一次展開旅程，想像一下自己想要追求的未來是什麼？是自我的成長，或是再一次的功成名就？

從圖像元素看牌義

牌中的元素	要告訴我們的意義
手拿地球的人	思考全面的完整
站在高牆內的姿態	高處不勝寒的憂愁
左手握著權杖	正在計畫行動
固定在城堡牆上的權杖	達成某件事的成果
兩根權杖中的位置	猶豫、考慮
交叉的紅玫瑰與白百合	平衡熱情的愛與純潔的智慧

註：牌中文字於馬賽塔羅是「II」，於托特塔羅是「Dominion」（統御）。

「Two of Wands 權杖 2」塔羅指數

牌的建議
正位★★★☆：請先沉思再出發。別忘了，你擁有選擇的能力。
逆位★★☆：了解自己內心中想要什麼，找到渴望就能訂立目標。

環境狀況
正位★★★★：掌握大局的你，其實可以試著獨立作業，也會有成果。
逆位★★★：想一下自己站在哪裡、有什麼正等待你去做整合運用。

關於愛情
正位★★★☆：現在的愛情讓你感到幸福嗎？是你真正想要的嗎？
逆位★★☆：對於愛的不滿足，以及諸多限制，都讓你感覺到悶悶不樂。

關於事業
正位★★★★：了解自己手邊有什麼資源可支配，進而產生成果。
逆位★★★☆：遇上困難，有些意外的轉折，讓你無法立即做出判斷或決定。

關於財運
正位★★★☆：自身的錢財足夠花用，但沒有多餘的開銷預算。
逆位★★☆：最近的手頭有點緊，可要謹慎點安排用錢計畫。

倒牌逆位的意義

關鍵字
焦慮

若是可以明確選擇就好了！你曾經因為下錯決定而感到後悔嗎？只因為當下的一個念頭，竟造成後來難以收拾的局面，往往讓人懊惱不已；或是因為看到太多可能性，想要超越卻又猶豫不決，這些情緒都是權杖 2 逆位要提醒我們的訊息。其實，最重要的就是別讓焦慮成為限制自己的敵人，你永遠想不出最棒的計畫，唯有嘗試行動，這些體驗才會為你帶來新的想法，創造新的機會。

Three of Wands

權杖 3

遠見

　　站上制高點,你將看得更遠,目前的成就只是讓你變得更加強大的養分。遠方的船隻已經告訴我們,位高權重的你,能力已經不再被局限。面向寬闊大海,胸襟開闊,你早已不害怕與人合作、交流。自信充沛,冷靜沉穩,能從一個穩健的角度中了解自己拿手的領域,並巧妙維護自己的弱點。

　　規畫新的冒險吧!讓你已擁有的成果帶領你到一個新的階段,透過行動,讓計畫獲得更好的成績,更上一層樓,形成更大的影響力。

從圖像元素看牌義

牌中的元素	要告訴我們的意義
山巔上遠望的人	遠見、領導、探索、展望
右手握住的權杖	堅定的執行計畫
身後的兩根權杖	已擁有的成就
紅色的袍子	行動力、熱情
海面上的小船	商業貿易、生意的機會
黃色的背景	活力、喜悅

註:牌中文字於馬賽塔羅是「III」,於托特塔羅是「Virtue」(美德)。

「Three of Wands 權杖 3」塔羅指數

牌的建議

正位★★★★★：充滿氣魄，具有遠見，可以將計畫付諸行動了！

逆位★★★☆：專注你想完成的未來構想，要更有勇氣去承擔任務。

環境狀況

正位★★★★☆：身為領導者，拿出你的個人魅力進行指揮吧！

逆位★★★☆：留意監督計畫是不是按部就班，小心處理細節部分。

關於愛情

正位★★★☆：在這段關係占上風的你，偶爾也要給對方一些甜頭喔！

逆位★★☆：不信任的關係，讓你們無法敞開心胸去深入了解對方。

關於事業

正位★★★★★：增加貿易的往來，跨國合作會為你帶來很棒的成績。

逆位★★★☆：困難會慢慢減少，但也別太過依賴別人所提供的幫助。

關於財運

正位★★★★：手邊多出一些額外收入，未來投資可選擇長遠規畫。

逆位★★★：千萬別養成跟別人借錢花用的習慣，以免變成依賴喔！

倒牌逆位的意義

關鍵字
留意

想要盡快大有所為的心，會讓你忘記步步為營的道理！對於很多事過於自信的你，已經開始變得自大。不留意風險評估、各自算計、突發危機、遇上欺騙與背叛等，都是權杖 3 逆位要告訴我們的。建議你低調行事，相信過往經驗而累積的生存法則，就能避免掉一些麻煩。有句話說：「小心駛得萬年船。」正好說明了這樣的狀況。請以謹慎的心態來度過，才有機會漸漸好轉。

Four of Wands

權杖 4

穩固

　　身處一個穩定環境、和諧狀態的你，現在可以讓自己休息一下囉！由四根權杖所撐起的花圈，是不是給人一種穩固而有保障的感覺？如同正方形的四個角或桌椅下的四隻腳，由「四」所建構的物品，都會讓我們有一種堅固的安定感。

　　還有正前方高舉雙手的人，是不是很像回家時親朋好友對你的歡迎呢？因為你先前的努力得到成果，才有現在的安穩喜樂。這是一個值得慶祝的時刻，先去體會安頓後的舒適溫暖吧！

從圖像元素看牌義

牌中的元素	要告訴我們的意義
圍成四方形的權杖	穩固、安定
權杖上的花圈	歡慶、平安喜樂
權杖下的城牆	保障、保護
花園城堡	富裕、繁榮
高舉花束的人	敞開心胸的迎接、慶祝
黃色的背景	活力、喜悅

註：牌中文字於馬賽塔羅是「IIII」，於托特塔羅是「Completion」（完成）。

❧「Four of Wands 權杖 4」塔羅指數 ❧

牌的建議

正位★★★★☆：總算看到成果了，好好去慶祝，並心懷感恩吧！

逆位★★★☆：看似完成，但並不完整，再多加把勁才會更完美。

環境狀況

正位★★★★：收穫滿滿，開始將這些喜悅融入生活，與親友團聚。

逆位★★★：目前和諧安全，該思考下一個階段人生的藍圖了。

關於愛情

正位★★★★★：現在是最幸福的，可以考慮和對方定下來。

逆位★★★☆：不安定的情緒，面對告別，現在或許是你的轉捩點。

關於事業

正位★★★★：固定能獲得成果的方法，未來可以持之以恆的運行喔！

逆位★★★：雖然沒有大問題，但過於平靜讓你面對工作時有點懶洋洋。

關於財運

正位★★★★★：付出勞力後收穫加倍，可以開始累積自己的財富。

逆位★★★：最近雖然沒有金錢進帳，卻得以找回休息時間、恢復身體健康。

❧ 倒牌逆位的意義 ❧

關鍵字
失色

　　大多數人在解釋權杖 4 逆位時都還是十分正向的，雖然原本穩定的狀態在權杖 4 逆位時開始轉弱，看起來似乎沒有之前那樣歡欣，但請放心，基本的保障和穩固還是有的，就是少了一點安全感，畢竟找不出方法來延續先前的活力，難免會讓人感覺遇到小瓶頸，但在整體都還算不錯的狀況之下，暫時維持現狀也是一個好選擇。

Five of Wands

———

權杖 5

切磋

———

　　如何把不同意見融合之後好好的呈現出來，的確是一個很難達成共識的課題。

　　每個人都拿起象徵意識的棍棒，高舉著自己想要表達的想法，但又沒有實際的產生碰撞。一種各自表述的情況牽制住所有人，造成大家必須小心翼翼的移動每一個步伐、進行下一個行動，倒不如像是競賽般激發彼此潛能，彼此切磋技藝、激盪火花，或許能有更棒的成績。但就怕只是虛張聲勢的搖旗吶喊，不就成了一場白忙又濫情的演出？

從圖像元素看牌義

牌中的元素	要告訴我們的意義
不同顏色衣服	觀點不同
不同角度姿勢	角色、立場不同
人物差不多的位置高度	公平
高舉揮舞的棍棒	競爭、切磋
交錯的棍棒	混亂中求相互制衡
無人鬆手的狀態	堅持的衝突

註：牌中文字於馬賽塔羅是「V」，於托特塔羅是「Strife」（競爭）。

「Five of Wands 權杖 5」塔羅指數

牌的建議
正位★★☆：請別再爭吵，大家都要提出更好的建言與做法才是。
逆位★★★：雖然大家還是有些矛盾，但總算達成協議，做出成果。

環境狀況
正位★★☆：各自堅持己見，讓大家壓力緊繃，請先放下執著與防衛。
逆位★★★：激烈的表達意見，使得彼此的想法都被看見了。

關於愛情
正位★★☆：爭吵只會破壞感情，明確的說出自己想法是很重要的。
逆位★★★：複雜的問題讓你內心產生矛盾，猶豫不決的心面臨阻礙。

關於事業
正位★★☆：原先互相切磋的想法，千萬小心別變成混亂的爭辯，白忙一場。
逆位★★★☆：相信專業的調解後，打破彼此無謂的堅持，終能解決問題。

關於財運
正位★★☆：這陣子容易衝動購物，買些重複、無用的東西，購物前請先確認自己缺少的物品。
逆位★★★：與朋友一起合買或共享，就能減少金錢損失。

倒牌逆位的意義

關鍵字
協調

大家爭辯的可能已經不是事情本身，倒像是為自己的理念出一口氣！也許在權杖 5 逆位的解釋上，有強化這個爭端的意涵，但也有呼籲大家放下武器、接受協調的意涵。其實大家都很清楚產生紛爭的原因，沒有誰對誰錯，只是各自立場與角度不同罷了，或許爭吵也是一種溝通，把不滿都拋出來，經過相互切磋，或許能找到更好的解決之道，也能有更好的表現。

Six of Wands

權杖 6

　　有著小戰車牌之稱的權杖 6，代表先前的辛苦為你帶來了榮耀，過去的一切奮鬥都是值得的。

　　這次的成功不單單是自己的，也是跟大家一起全力以赴的成果。一起往同一方向高舉的權杖，代表全體和諧一致，朝同一個目標前進，才能讓你集合眾人的力量，透過你的體現來實踐，進一步獲得歡呼，而你也十分樂意與大家分享這份喜悅，展現自信，帶領人們迎向新希望，進而激勵眾人、喚起信心，或許這就是你未來的重要使命。

從圖像元素看牌義

牌中的元素	要告訴我們的意義
騎著白馬的男子	駕馭純淨的力量
頭上戴著桂冠	獲得勝利
手持有花圈的權杖	凱旋、榮耀的象徵
紅色的袍子	積極的行動力、熱情
穿戴華麗的服裝	彰顯外在物質的成功
四周圍繞迎接的人	崇拜、讚美

註：牌中文字於馬賽塔羅是「VI」，於托特塔羅是「Victory」（致勝）。

❧ 「Three of Wands 權杖 6」塔羅指數 ❧

牌的建議

正位★★★★：目標達成帶來榮耀，並受人尊敬，請繼續前進，實現願望吧！

逆位★★★☆：尚未確定能否真正達成，成功的到來會有所延遲。

環境狀況

正位★★★★☆：同伴都願意接受你的領導，發揮團隊合作效益。

逆位★★☆：金玉其外，敗絮其中，徒有表面上的光鮮亮麗。

關於愛情

正位★★★★：好消息近了，桃花滿滿，快去談個幸福的戀愛吧！

逆位★★★☆：不真誠的對待會造成彼此的不安，可能有不忠或背叛。

關於事業

正位★★★★★：充滿自信的領導能力，帶領大家迎接成功，享受勝利。

逆位★★★☆：太過自信，聽不進別人的建議與想法，反而曝露了自身的弱點。

關於財運

正位★★★★：眼光精準，獲利大增，讓你意氣風發。

逆位★★★☆：為了撐場面而提高花費，到頭來會讓你覺得吃不消喔！

❧ 倒牌逆位的意義 ❧

關鍵字
驕傲

相信人人都有因為太自信而誤事的經驗吧？其實說穿了，不就是一種驕傲的表現嗎？一副高高在上的姿態，並不能讓事情順利進行，還有可能變成大家的箭靶，把所有的錯誤都怪罪給你。權杖 6 逆位要提醒我們的就是「人外有人，天外有天」的道理，或許現在獲得短暫的勝利，但絕對不是永遠的成功，因為總有人會追過你，所以我們需要時時提升自己。

Seven of Wands

權杖 7

　　防守就是最好的攻擊。權杖 7 的主角雖然高居山頂，但將權杖橫放、採取防衛姿勢的他，或許早就深知這個道理，無論下方伸出的權杖是挑戰，還是攻擊，早已做好面對衝突的準備了。

　　所以，我們絕對不能被人生中不斷發生的困難與問題打倒。試著想想，當你站在一個能綜觀全局的位置，堅強不屈的單打獨鬥著，或許過程十分辛苦，偶爾還會感覺到無助，但只要發揮堅毅的心，還是有機會能戰勝一切，沒什麼好害怕的！

從圖像元素看牌義

牌中的元素	要告訴我們的意義
站在山頂上	位於高處的有利位置
綠色的衣服	渴望和諧、和平
雙腳站穩的姿態	堅毅的決心
手持橫向的權杖	防禦、保衛
稍微提高的右手	接受挑戰、堅持奮鬥的信念
前方直立的六根權杖	困難、險阻、衝突對立

註：牌中文字於馬賽塔羅是「VII」，於托特塔羅是「Valour」（勇氣）。

「Seven of Wands 權杖 7」塔羅指數

牌的建議
正位★★★★：為正確的觀點挺身而出，保衛信念，就能帶來成功。

逆位★★☆：稍作休息、平衡、反思，才能將適當的方案正確執行。

環境狀況
正位★★★★：順利取得優勢，站在上風處，有利於推廣自己的主張。

逆位★★★：手邊有太多事要先處理，先別堅持自己理想中的結果。

關於愛情
正位★★★★：對方喜歡你的成分比你多，只要你準備好就可以戀愛了。

逆位★★★☆：雖然對你印象不差，但目前沒有和你談戀愛的打算。

關於事業
正位★★★★☆：站穩自己的立足點，整合異議，就能順利贏得成功。

逆位★★★：先搞清楚對手的底細，就能找出最佳行動方針，減低大家的驚慌焦慮。

關於財運
正位★★★★：比別人都早掌握有利的投資情報，財富金錢輕鬆入袋。

逆位★★☆：不願意面對金錢問題，並做實際的處理，勸你不要再騙自己囉！

倒牌逆位的意義

關鍵字
為難

當別人對你提出質疑時，你是不是也一度覺得自己不夠好呢？是因為對方妒忌你的與眾不同，還是雙方根本信念不合，才會對你產生批評呢？雖然目前可能不被認同，但是千萬別失去勇氣，忘卻夢想，這是權杖 7 逆位要警告我們的。別人的攻擊與挑戰或許會讓你感到焦慮不安，但別就真的困在窘境中，讓自己猶豫不決、進退維谷，因而失去優勢。

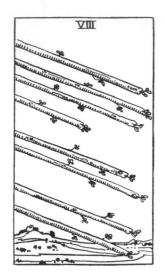

Eight of Wands

權杖 8

迅速

　　從天而降的權杖，象徵著事件在近期會很快的有所進展，或是有重大突破。權杖 8 裡，在空中朝著同一方向飛行的權杖，看起來很有速度感，表現出一種效率，意喻著透過仔細思考，再加上過去累積的努力，而找到現在這個路徑，接下來很快就能達成自己所設定的目標，這是自然而然的發展，而你能夠從中感受到快樂與歡愉！

　　另一方面，權杖 8 也象徵與旅行有關的事物，告訴我們該給自己來一次旅遊，是時候開拓你的眼界，體驗生命的美好。

從圖像元素看牌義

牌中的元素	要告訴我們的意義
在天空的權杖	無拘無束
權杖平行	相同的一致性
飛行的狀態	快速、效率
頂端向下	即將抵達、完成目標
藍天的背景	自由
飛過寬闊大地與河流	跨越

註：牌中文字於馬賽塔羅是「VIII」，於托特塔羅是「Swiftness」（迅速）。

「Eight of Wands 權杖 8」塔羅指數

牌的建議

正位★★★★☆：思考迅速有助事情發展，成長快速，發展活躍。

逆位★★☆：別太急躁的面對問題，不但浪費能量，而且毫無成效。

環境狀況

正位★★★★：全力以赴會讓大家產生良好共鳴，持續前進吧！

逆位★★☆：千萬別想到什麼做什麼，像個無頭蒼蠅般的亂飛亂撞。

關於愛情

正位★★★★：互相多接觸可以讓兩人感情加溫，墜入愛河機會激增。

逆位★☆：是時候考慮一下是不是要結束這段戀情，找回自由。

關於事業

正位★★★★：時機來臨，請快速的做出反應，加速思考能量與熱情。

逆位★★★：操之過急的安排，反而造成大家做白工，怨聲載道。

關於財運

正位★★★：想花就花的行為會產生浪費，用錢過於隨性。

逆位★★☆：突然對物質盲目著迷，花錢如流水，造成金錢上的大損失。

倒牌逆位的意義

關鍵字
衝動

欲速則不達，就是權杖 8 要告訴我們的意涵。急躁不會讓事情加速完成，反而造成我們對事物的情緒化，匆忙之下就會自亂陣腳，隨便決定。有時候因為事情發展得太快，沒有足夠的思考時間去反應，導致大夥沒有達成共識，爭議不休，或是倉促驟下決定，使局面陷入失控而造成停擺。此時大家應該先保持冷靜，慢下腳步，研擬新的因應方案，才能找到正解。

Nine of Wands

——

權杖 9

關鍵字
防護

———

　　當我們面臨生命中的挫折，眞的能好好釋懷嗎？或只是暫時的忘卻呢？絕大多數的人在遭受挫敗的時候，會立刻自我否定，因而阻礙了未來的行動。但別小看這些經驗所帶來的啓示，回首自己過去的所做所爲，涓滴積累才成就現在的你，過去每一個當下的決定產生了目前的結果，這些都是體會與覺悟。讓過往種種成爲讓自己茁壯的養分，以更強大的心智來保護想要守護的事物，相信這些考驗必能磨練出你堅強的意志。

從圖像元素看牌義

牌中的元素	要告訴我們的意義
雙手環抱權杖的人	戒愼恐懼、備戰狀態
頭上包紮紗布	曾經受傷、等待復元
觀察周遭的目光	挫敗後的憂心、警覺
併攏的雙腳	小心翼翼、謹愼
排列如柵欄的權杖	守護、靠山及後援
身處最前方的位置	捍衛的決心

註：牌中文字於馬賽塔羅是「VIIII」，於托特塔羅是「Strength」（力量）。

牌的建議

正位★★★☆：透過歷練獲得經驗與智慧，了解到堅定的重要性。

逆位★★★：為自己的主張守住最後防線，請別失去變化的彈性。

環境狀況

正位★★★☆：預期中的改變，讓大家面臨困難與挫敗，留意規範的制定。

逆位★★★：雖然褪去防衛、放下防備，但也有可能會產生疏離感。

關於愛情

正位★★★☆：過去戀情的舊傷口會慢慢復原，經驗會成為保護牆。

逆位★★☆：太過於習慣一個人生活，會讓你忘了怎麼去愛。

關於事業

正位★★★☆：現在所面臨的狀況是給你的警惕，是你必須克服的難關。

逆位★★：過多的失誤帶來極大的壓力，讓你現在選擇孤僻、逃避問題。

關於財運

正位★★★：預期中的金錢收入延後，小心自己的用錢計畫。

逆位★★☆：別讓原先存錢的美意造成束縛，以致心情煩躁。

❧ 倒牌逆位的意義 ❧

關鍵字
磨難

最近發生了許多障礙與難題，這些都是你的人生考驗！或許身心俱疲的你會想：為什麼是我要去面對這樣的災難？

越是想要頑固的去抵抗局勢發展，會讓自己越來越難受。權杖 9 逆位告訴我們：明知道這樣下去也不見得能使情況好轉，現在其實該面對的是自己的心魔。不要再懷疑自己了，找出反擊之道，先轉攻為守，改變一些做法，或許就能克服。

Ten of Wands

———

權杖 10

———

生活在這個社會之中，每個人都有必須背負的責任與壓力，你會選擇將所有的苦都自己承擔嗎？雖然孟子勉勵我們說：「天將降大任於斯人也，必先苦其心志，勞其筋骨……」但吃苦也有吃苦的方法，我們應該要先找出更好的處理方式，而不是一味的埋頭苦幹。

不過，在我們的內心深處，依然相信只要全力以赴，不管現在有多辛苦，還是能一步一腳印的成就計畫中的未來，夢想總是會有完成的一天。

從圖像元素看牌義

牌中的元素	要告訴我們的意義
扛著權杖的人	沉重的負擔
彎腰的姿態	十分疲累、倦怠
粗大腫脹的手臂	壓力、壓迫
緊密無縫的權杖	阻礙視線
朝著前方行進	責任感
遠方的小房子	家、目標

註：牌中文字馬賽塔羅是「X」，於托特塔羅是「Oppression」（壓迫）。

牌的建議

正位★★★：終於到了最後階段，再努力一下就可以看到成果。

逆位★★★☆：雖然感到責任沉重，但堅持下去就可以達成目標，只要這樣想就會緩和一點。

環境狀況

正位★★☆：不斷增加的任務形成沉重的負擔，讓你感到精疲力盡。

逆位★★★：放下舊有處理事情的模式，重新思考，才能讓你脫離重擔。

關於愛情

正位★★☆：現在的關係讓你感到被困住了，該想想什麼是壓力的來源。

逆位★★★：欺騙與隱瞞無法處理愛情壓力，請試著釐清彼此情緒。

關於事業

正位★★：壓力太大，同時想要完成的事情過多，反而搞得一事無成。

逆位★★★☆：推卸責任雖然暫時能讓你找到喘息空間，但早晚都是要想辦法完成的。

關於財運

正位★★：責任重大，拖累你的經濟，最近都入不敷出。

逆位★★☆：有太多花錢的藉口，會讓你有金錢損失發生。

❧ 倒牌逆位的意義 ❧

關鍵字
卸下

你明白自己所要背負的責任，但沒有人要你時時刻刻緊捉不放，現在可以稍微放下這些重擔，讓自己放鬆一下，這就是權杖 10 要告訴我們的道理。請不要太過相信自己的能力，而小看了這些壓力的累積；更要注意避免掉入不誠實的陷阱之中，承接原本不屬於你的工作和責任，這些對你來說並沒有太大的人生意義。

Page of Wands

權杖隨從

他是一位充滿熱情活力的年輕人，可以稱其為探索者，總是帶著旺盛的企圖心，很多事情因為他的出現而有新的契機，或許有時候會有一點衝動，總之先做了再說！對事物抱持著樂觀開放的心態，的確可以讓人從經驗中獲得成長。

如果權杖隨從是形容一種狀況，表示新的冒險即將展開，只要保持對目標的渴望，勇於接受挑戰，發掘自我潛能極限，找到最佳方針，當然就能為自己帶來成果。

從圖像元素看牌義

牌中的元素	要告訴我們的意義
穿著火蜥蜴圖案的衣服	象徵火元素的熱情
鮮黃色的上衣	智慧的探索
手持權杖	力量的持有
注視權杖頂端	研究精神
抬頭的姿勢	準備行動、執行
背景的沙漠	衝動、熱力

註：牌中文字於馬賽塔羅是「VALET・DE・BATON」，於托特塔羅是「Princess of Wands」（權杖公主）。

牌的建議

正位★★★★：尋找新方向的過程會讓你找到自我成長的道路。

逆位★★★☆：缺乏對事物的興趣與熱情，讓你只想向世俗靠攏。

環境狀況

正位★★★☆：現在的你對哪些新領域感興趣？或許可以冒險一試。

逆位★★★：傳來壞消息，訊息的中斷與錯誤，會造成機會喪失。

關於愛情

正位★★★☆：不受約束的你們，要給彼此更多空間，製作浪漫回憶。

逆位★★☆：害怕失去而寵壞對方，現在總是要花點時間收拾殘局。

關於事業

正位★★★★：總是在學習中成長的你，保持這樣的熱忱會讓你事半功倍。

逆位★★★：注意力不集中，會使你做出魯莽的失誤決定。

關於財運

正位★★★★：經濟狀況良好，手頭寬裕，讓你出手闊綽。

逆位★★★：過度沉迷造成金錢損失，得要小心別受騙了。

※ 倒牌逆位的意義 ※

關鍵字
不穩

我們可以追求效率，但絕對不能著急成事，甚至惡化成衝動莽撞，這就是權杖隨從逆位要警告我們的事。善變，處理事情虎頭蛇尾；或是做事常只有三分鐘熱度，因熱情減退而感到不耐煩，就胡亂發脾氣；這些都是不負責任的態度。做任何行動前，請三思而後行，才不會做出毫無成果、惱羞成怒的舉動。

Knight of Wands

————

權杖騎士

關鍵字
奮進

象徵人物
陽光男孩

————

　　最容易吸引目光的青年。外向、坦率、勇於冒險、充滿爆發力又喜歡從事戶外活動的陽光男孩，總是擁有滿滿自信，態度相當積極，會願意馬上付諸行動，勇往直前，也能堅定的貫徹意志，有所作為。

　　如果權杖騎士是形容一種狀況，便是告訴你必須趕快掌握即將到來的機會，才能開創新局，如果此時可以更加努力、勇敢奮進，短時間內就能為自己成就榮耀！

從圖像元素看牌義

牌中的元素	要告訴我們的意義
高舉的權杖	冒險精神、勇氣過人
躍起的馬	迅捷的動力
穿著火蜥蜴圖案的衣服	象徵火元素的熱情
火焰盔甲	火熱的個性
雙腳騰空的姿態	精力充沛、行動力十足
背景的沙漠	衝動、熱力

註：牌中文字於馬賽塔羅是「CAVALIER・DE・BATON」，於托特塔羅是「Prince of Wands」（權杖王子）。

❧「Knight of Wands 權杖騎士」塔羅指數 ❧

牌的建議

正位★★★★：能量爆發，看清自己
要前往的新方向，前景一片美好。

逆位★★★☆：沒有焦點的橫衝直撞，
請思考清楚後再行動。

環境狀況

正位★★★☆：衝勁十足的你，力求
上進，擁有雄心壯志就能掌握局勢。

逆位★★★：太過愛現造成團體間的
不和諧，大家不願意給予協助。

關於愛情

正位★★★★：總是吸引眾人目光的
你，熱情被激發，性致高昂。

逆位★★★：性能量沸騰，過於熱切
尋找刺激，感情來得快，去得也快。

關於事業

正位★★★★☆：積極投入會有大突
破，這樣的大躍進將會帶來成功。

逆位★★★☆：放慢腳步看清楚前方
的路，才不會只是冒險而沒有成果。

關於財運

正位★★★★：與別人比較收入，會
成為想要賺取更多金錢的動力。

逆位★★☆：不能老是先花了再說，
回頭一看口袋都空空了。

❧ 倒牌逆位的意義 ❧

關鍵字
魯莽

太過衝動，所以攬了很多事在自己身上，完全沒想到後果，面對已經陷入的困境，又會有巨大的情緒波動，想要丟下不管，這樣一來只會益發不可收拾。現在還是要設法讓自己持續前進，不然就會產生延誤或停擺。如果容易把狀況想得很複雜，就得讓自己從暴躁中脫身，才不會忽略眼前其他解決問題的可能性。總之，要先放下情緒，才能讓自己找到正確方案！

Queen of Wands

權杖王后

　　權杖王后是十分豪爽的女性，相信自己的直覺，也容易直接表達出自己最眞實的情感，可以說是一位教導者，經由內在熱情的能量來帶領其他人。不拘小節的她，讓人喜歡親近，因爲她擁有能激勵別人的特質。

　　如果權杖王后是形容一種狀況，代表擁有自信又能發揮智慧的你，能理性看待種種考驗，並做出預測，所以無論面臨什麼樣的難題，只要理解狀況後再勇敢實踐，就能達成目標。

從圖像元素看牌義

牌中的元素	要告訴我們的意義
坐姿自然大方的王后	敞開接受的個性
獅子圖騰	勇敢、活躍
右手中握著權杖	果決、自信
向日葵	象徵太陽的溫暖、喜悅
微亮的淺藍背景	祥和、平穩
前方的黑貓	直覺與感受

註：牌中文字於馬賽塔羅是「REYNE・DE・BATON」，於托特塔羅是「Queen of Wands」（權杖王后）。

❧「Queen of Wands 權杖王后」塔羅指數 ❧

牌的建議
正位★★★★☆：慷慨又自信的你，
願意協助他人，鼓舞眾人士氣。
逆位★★★：過於強勢又充滿掠奪性
的你，根本無法令人接近。

環境狀況
正位★★★★：樂於助人，將自己的
需求先暫緩，懂得顧全大局。
逆位★★★：不甘順從，為了反對而
反對，盛氣凌人會招來討厭。

關於愛情
正位★★★★☆：擁有幸福的愛，能
讓你發揮熱情，並去愛周遭一切。
逆位★★★☆：受到傷害的你，愛人
的能力變得薄弱，對愛感到煩躁。

關於事業
正位★★★★：各方面都能有大豐收，
也能營造開心喜悅的工作環境。
逆位★★★：情緒化的你，因為輸不
起，容易對人不對事。

關於財運
正位★★★★：大方又真誠待人的你，
容易收到金錢的獎勵喔！
逆位★★★：現在就只想到自己，但
自私倒是能讓你減少損失。

❧ 倒牌逆位的意義 ❧

關鍵字
善變

　　若是面臨問題時已經習慣強烈回擊，其實只是將自己情緒
化的行為合理化。心情好的時候，給予別人指正與建議；心
情不好的時候，就用謾罵與批評。這樣的行為很可能會招來
別人相同的對待喔！

　　張牙舞爪只會讓大家看到你的疑慮、自信缺乏，還有壞脾氣。另一方面，
也請留意最近事情將會有一些變化，且不穩定的情況可能造成對抗的局面。

King of Wands

權杖國王

關鍵字　　　　象徵人物
盡職　　　　**創業主**

　　勤奮而有意義的行動，讓我們看到了他的成功。透過具體的全力以赴，喜歡論輸贏、分高下的他，可謂是一個啓發者，能吸引大家跟隨他的熱情，使他成爲所有國王中最快獲得成就的。

　　如果權杖國王是形容一種狀況，表示能將活力熱情直接轉化成實際能量，透過掌握與駕馭，獲得周遭人們的信任，大家朝著同一個方向展開行動，將能輕鬆到達你想前進的目標。

從圖像元素看牌義

牌中的元素	要告訴我們的意義
向前的姿勢，權杖底部置於王座前	準備好隨時行動
火蜥蜴頭尾相連成為一個圓	完整、成熟
穿著火蜥蜴圖案的衣服	象徵火元素的熱情
右手持權杖	掌握生命力
獅子圖騰	勇敢、活躍
腳邊的火蜥蜴	跟隨、陪伴

註：牌中文字於馬賽塔羅是「ROY‧DE‧BATON」，於托特塔羅是「Knight of Wands」（權杖騎士）。

❧ 「King of Wands 權杖國王」塔羅指數 ❧

牌的建議

正位★★★★：運用正確的決策與領導力，讓事情發展十分順利成功。

逆位★★☆：不明智的濫用權力，造成愚蠢的誤判，使局面失控。

環境狀況

正位★★★★：掌控大局，發揮自我才能，引領事情朝正向發展。

逆位★★☆：不但缺乏專業知識、技能，面對問題又人過軟弱無用。

關於愛情

正位★★★★：打造你心目中理想的愛情模式，把對方照顧得很好。

逆位★★★：什麼都好、什麼都沒關係，就是愛情中的爛好人。

關於事業

正位★★★★☆：慈祥誠懇的管理帶領，讓事務順暢執行，因而得來成果。

逆位★★☆：自以為是的專制獨裁，這樣的傲慢令人無法伸手相助。

關於財運

正位★★★★：大方慷慨的你，喜歡花錢請客來獲得面子。

逆位★★★：要當心情緒性的花費，更糟的是化了也無法獲得真正的開心。

❧ 倒牌逆位的意義 ❧

關鍵字
阻斷

因為自視甚高而帶有侵略性，再加上急性子，讓事情不盡完美，或是未結束就又開新案，缺乏耐心，操之過急。這樣沒有自律的狀態，容易使每件事都後繼無力而草草收尾，偏見與固執則易造成錯誤決定，混亂狀況也會讓安排失當，進而招來怨懟。

下判斷前，不妨參考別人的做法，並記取過去經驗所產生的教訓，在穩定中求發展才是保險的做法。

鍍金塔羅牌
The Gilded Tarot

作者：Ciro Marchetti
發行：Llewellyn

金碧輝煌，充滿華麗質感，可以說是電腦繪圖中的藝術之作，在許多專業人士的口中，評價極高！因為它全以數位的方式來繪製，卻營造出手繪的質感，不論明暗的變化、景深的設計都帶給我們視覺上的震撼，巧妙展現出金色的光澤。

關鍵塔羅牌
The Pictorial Key Tarot

作者：Davide Corsi
發行：Lo Scarabeo

塔羅牌原本就是透過圖像的象徵意義來做解讀，把傳統的偉特塔羅牌以 3D 的立體手法重新繪製，使原本的牌意更深入細微的生活中，將許多圖像巧妙的顯現在我們的周遭，以合理的邏輯呈現出來，更能讓我們了解塔羅牌中的意涵。

夢境塔羅牌
The Tarot of Dreams

作者：Ciro Marchetti & Lee Bursten
發行：個人創作

限量發行的夢幻逸品。運用 3D 繪製技術，把每一張塔羅牌的意涵重新詮釋與設計，光影的變化呈現出一種科技的現代感，當然也表現出立體的空間距離感，細緻的程度甚至連牌中羽毛、老虎的紋路都繪製得栩栩如生喔！

傳世塔羅牌
Legacy of the Divine Tarot

作者：Ciro Marchetti
發行：Llewellyn

我們人類能留給後世什麼遺產寶藏呢？神祕學知識結合塔羅占卜的實用價值，吸引了很多塔羅牌的收藏家與占卜師的高度關注！以 3D 藝術來表現，除了呈現精緻感，其強調光影的變化也將畫面的空間感表現得很好。

女巫塔羅牌
Witches Tarot

作者：Ellen Dugan & Mark Evans
發行：Llewellyn

運用 3D 技術與真人影像組合成完美藝術之作的女巫塔羅牌，隱隱透出了未知魔法的能量，深深吸引著我們，除了跟傳統偉特塔羅牌結構相呼應，也包含了許多異教符號的共鳴。除了牌義解析，說明書中還有七個獨特的塔羅牌牌陣與魔法實踐方法。

愛麗絲塔羅牌
The Alice Tarot

作者：Alex Ukolov & Karen Mahony
發行：Magic Realist Press

以愛麗絲的故事貫穿整套牌卡，是要我們用一種跳脫框架的思考模式，以更有創意、更天真單純的心去解讀每一張塔羅牌中的意義。特別運用閃耀珠光印刷，豐富畫面中的景深，要我們去留意每個主角與景色間的微妙關係。

光明塔羅牌
Tarot Illuminati

作者：Erik C. Dunne & Kim Huggens
發行：Lo Scarabeo

「光」是讓我們了解這個非同尋常的塔羅牌的關鍵元素，結合了藝術之美、象徵性的深度、直觀的活力。光明塔羅牌是一盞溫暖的靈魂之燈，釋放心靈，緩解恐懼，並將日光投射在無窮大的未來。啟蒙人們克服自己的極限！

蒸汽龐克塔羅牌
The Steampunk Tarot

作者：Barbara Moore & Aly Fell
發行：Llewellyn

背景設定在維多利亞時代的英國，假設當時有某種新的技術能結合魔法與科學，通過新能源、新機械、新材料、新交通工具等方式，展現一個平行於十九世紀西方世界的架空世界觀，努力營造它的虛構和懷舊等特點，是一套十分有趣的作品。

森林妖精塔羅牌
Forest Creatures Tarot

作者：Tarocco Studio
發行：個人創作

在許多世紀前的童話等著作中，就已提及森林妖精之類的神祕生物，總是以展現驚人的能力登場，具有神祕又強大的力量。在這副森林妖精塔羅牌中，神奇森林中的精靈要帶你進入一個奇幻的氛圍，與你分享他們的祕密，請注意每一個細節元素都有其獨特的意涵喔！

泰勒瑪塔羅牌
Thelema Tarot

作者：Renata Lechner
發行：Lo Scarabeo

這副牌結合了托特塔羅牌的精神。泰勒瑪（Thelema）是克勞利（Aleister Crowley）所提倡的新紀元宗教，是一種赫爾墨斯主義（Hermeticism）的密教組織，根據克勞利的解釋，泰勒瑪中的魔法保留了黃金黎明協會的儀式魔法，運用儀式可以開啟人的意識。

請掃描 QR code 欣賞各式塔羅牌

情感之水──聖杯牌組

聖杯象徵水元素，運用裝水的聖杯來表現出感情的多變與波動，與愛有強烈的關聯。聖杯牌組告訴我們七情六欲的變化，可以是付出無悔、為愛勇往直前，或是感情用事、優柔寡斷，當我們被感情所左右，就有可能做出錯誤決定，讓事情發展更顯複雜。

在占星學中的水象星座（天蠍、巨蟹及雙魚）不也是展現出了情感豐沛的一面嗎？很能設身處地幫他人著想的聖杯牌組，代表溫柔、富有同情心及多情的，但也呈現出憂鬱、任性、過度敏感等負面情緒。很多人會用浪漫來形容聖杯牌組，其實聖杯牌組想要傳達的是和諧，一份適當的愛，才能發揮最大、最好的效果，為你我帶來幸福。

在占卜的時候，如果出現很多聖杯牌組，多是跟人際關係有關，要特別小心處理與內心感覺有關的問題，先處理好情緒，再來面對現實挑戰！

聖杯牌組	宮廷牌角色	水象星座對應	中世紀階級	季節
聖杯國王	（水）之土	天蠍座		
聖杯王后	（水）之水	巨蟹座	聖職	夏
聖杯騎士	（水）之火	雙魚座		
聖杯隨從	（水）之風	無		

Ace of Cups

聖杯 1

關鍵字
豐沛

　　有著滿滿流動之水的聖杯 1，是在預告一段感情的開始喔！不一定是愛情，只要是人與人的互動都算是愛的誕生，一種心靈上的滿足，一種喜悅幸福的感覺，不論是愛情、友情、親情，都是一種愛的形式。

　　從雲端伸出的手輕捧著聖杯的樣子，除了象徵敞開心胸、愉悅分享，而那溫柔的感覺也是在提醒著我們：感情是需要花心思小心呵護的喔！願意付出善意，當然也會得到大家美好的回應。請跟隨著自己的心，感受最單純、富足的愛吧！

從圖像元素看牌義

牌中的元素	要告訴我們的意義
耶穌最後的晚餐有個倒立 M 符號的聖杯	充滿感情與意志
輕輕捧著聖杯的手	愛的呵護
由聖杯中流出的五道水流	人的五種感官
白鴿（聖靈）與聖餅（聖餐）	心靈面的根本、基礎想法
白鴿飛入聖杯的姿態	思想轉化現實物質
水池上的蓮花	情感豐沛下潛意識的覺醒

註：牌中文字於馬賽塔羅是「I」，於托特塔羅是「Ace of Cups」（聖杯王牌）。

❧ 「Ace of Cups 聖杯 1」塔羅指數 ❧

牌的建議

正位★★★★：每件事看起來都很美好，這陣子讓自己保持愉悅的心情。

逆位★★☆：學著多愛自己一點，慢慢找回感受美好的能力。

環境狀況

正位★★★★☆：該讓自己享受一下，放開心胸去找樂子，感受開懷大笑。

逆位★★☆：千萬別拒絕與人情感交流，否則會讓你越來越封閉。

關於愛情

正位★★★★★：感覺愛給你的幸福，心靈將充滿喜樂，也可朝婚姻前進。

逆位★★☆：空虛的感覺可能來自被拒絕，或是無法許下承諾。

關於事業

正位★★★☆：嶄新機會來自於和不同人、事、物的合作，且將會有成果。

逆位★★☆：不誠懇、不信任的互動，就別期待太高了。

關於財運

正位★★★★：運用金錢十分得當，讓化費與投資都有進帳。

逆位★★☆：欺騙將造成損失，也會讓你心情憂鬱、不舒服。

❧ 倒牌逆位的意義 ❧

關鍵字
貧瘠

聖杯倒過來，杯中的水不就全都灑出來了嗎？代表無法掌握的愛情，或是付出太多而產生妒忌和不滿足。另外，倒置的聖杯 1，杯子也會從手中應聲掉落，這是由於對情感的錯誤對待，導致對幸福視而不見，只追求愛的空虛表象。

當然，也有可能表示現在的你正在付出一段沒有回報的愛，或是無法正確表達愛意，包括情感上的拒絕背叛、做作虛偽、鬱鬱寡歡等。這些情緒和行為有一個共通點，就是你如何看待愛的樣子，雖然感情在施與受方面是相互對等的，要接受當然就得付出，但有時付出也是一種享受喔！

Two of Cup

聖杯 2

　　如果在大牌中的戀人是指由神所搓合的愛情，那這張聖杯 2 指的就是自由戀愛了。兩個互相舉杯的人，你可以說他們是剛認識，也可以說他們正要步入婚姻。

　　兩人平等而溫柔的相視，無論是正要試著了解對方，或是已經熟識彼此個性，逐漸靠近的兩個人在獅頭羽翼的祝福下，正要展開一段新的關係，在情感上最重要的真誠與愛、坦率與包容，都會漸漸以輕鬆而平穩的方式，在接下來的生活之中體現。

從圖像元素看牌義

牌中的元素	要告訴我們的意義
兩個拿著杯子的人	吸引、交流
頭上的花環	歡慶、喜悅
獅頭及張開的羽翼	象徵天使的祝福、熱情昇華
由兩條蛇纏繞的赫密斯之杖	商業合作、醫藥療癒
遠方的城鎮村莊	家、穩定的關係
兩人平行的位置	公平對等

註：牌中文字於馬賽塔羅是「II」，於托特塔羅是「Love」（愛）。

牌的建議

正位★★★★☆：相互尊重，以愛為
出發點，整合彼此的力量，獲得療癒。

逆位★★★：透露出對立的訊息，缺
乏愛及拒絕付出會產生阻礙。

環境狀況

正位★★★★：找到共同運作的方法，
讓雙方都得到滿意的成果。

逆位★★★☆：暫時發生狀況與問題，
無法信任對方，訊息傳遞不全面。

關於愛情

正位★★★★★：愛將來臨，會遇上
一個你心儀的好對象，展現魅力吧！

逆位★★☆：感情只是表象，內心感
覺空虛寂寞，性生活不協調。

關於事業

正位★★★★☆：合作互利，大家為
同一個更高的目標而全力以赴。

逆位★★★☆：各懷鬼胎，不夠坦率，
彼此算計，當然合作失敗。

關於財運

正位★★★★：收支平衡，金錢獲得
也十分順暢。

逆位★★★：分配不均，獲利不公，
都造成了心中不舒坦。

倒牌逆位的意義

關鍵字
誤解

　　雖然彼此還是有愛，但你確定付出愛的方式是對方想要的
嗎？還是你單方面想要的？當聖杯 2 逆位時，很明顯的，代
表情感的水會從杯中灑落，象徵情感面的不安定。

　　當然，不單指愛情，與人相關的情感都會減退，甚至爭吵，因為杯子裡沒
有水，代表缺乏流動與溝通。溝通受阻的感覺讓彼此都不好受，不妨給些空
間，再試著找回過去良好的溝通互動。

Three of Cups

聖杯 3

歡慶

　　聖杯 3 是塔羅牌中最歡樂的一張牌，如果人與人之間的互動能像這張牌一樣，真的是一件令人開心不過的事。聖杯 3 象徵著聚會、晚宴等社交生活，傳遞出輕鬆愉悅的氛圍。我們都喜歡和親朋好友相聚，分享生命中所體會的美好，那是一種充滿愛與生命力的歡慶。另一方面，強調社會架構與人倫家庭的聖杯 3，也有延續兩人幸福的意涵，就像夫妻迎接新生命的誕生，大家都會自然給予祝福，一起慶祝這令人興奮的時刻到來。

從圖像元素看牌義

牌中的元素	要告訴我們的意義
跳舞的女子	快樂、慶祝
舉杯的樣子	歡慶、開懷
圍成圈圈的姿態	合作、共享
三人平行的位置	公平對等
不同色彩的衣服、花環	個性不同卻能互相尊重
手中的葡萄、地上的南瓜	收成、豐收的結果

註：牌中文字於馬賽塔羅是「III」，於托特塔羅是「Abundance」（豐盛）。

「Three of Cups 聖杯 3」塔羅指數

牌的建議
正位★★★★：可以與大家輕鬆相處，彼此分享心情與未來理想喔！
逆位★★★：小心放縱自己、過度歡樂，缺乏對事物的感謝之意。

環境狀況
正位★★★★☆：獲得滿意的結果，值得慶祝一番，並把喜悅分享給別人。
逆位★★★☆：別太過孤僻，多與人接觸會讓你生活更輕鬆。

關於愛情
正位★★★★：想要提升愛情能量，就多共創你們的美好回憶吧！
逆位★★☆：要特別留意彼此的交友狀況，很可能有第三者介入。

關於事業
正位★★★★☆：找到意氣相投的夥伴，透過彼此的溝通交流達成目標。
逆位★★☆：缺乏合作造成孤立無援，也可能讓你失去友誼喔！

關於財運
正位★★★★：努力被看見，除了本身應得的回饋之外，還有額外收穫。
逆位★★★：太多的聚會讓你花費暴增，可要適度衡量金錢狀況。

倒牌逆位的意義

關鍵字
多餘

　　過度享樂將導致樂極生悲，聖杯 3 的逆位就是要強調這個訊息。我們常常因爲開心就失去警覺，對事情掉以輕心，或只做自己喜歡的事，對整體卻沒有什麼幫助，反而導致事情延誤。

　　慶祝的時光已經結束，目前呈現資源消耗或不足的狀態，應該趕緊收心，開始準備往下一個階段前進，才不會中斷戰力或造成結束。

Four of Cups

———

聖杯 4

不滿

———

　　或許現在的你覺得了無生趣，過度疲憊，找不到生活重心，如同行屍走肉一般，失去思考能力。前方已經擺好聖杯，是指已經有所獲得，但這樣的成果是你滿意的嗎？還是你覺得仍然不夠呢？人就是因為不滿足，才會有動起來的力氣；想讓自己變得更好，才能促成更多成長。這樣的提升多是精神層面而非物質層面的，就如同飄浮在空中的那只杯子一樣，若不是一副漠不關心的沮喪模樣，或許已經看到前面這個新契機而動心轉念了。

從圖像元素看牌義

牌中的元素	要告訴我們的意義
抱胸盤坐的人	無精打采
坐在樹下	慵懶、逃避
前方三個杯子	先前經歷的成果
與杯子間的距離	過往經驗已無法滿足、沉溺
雲中伸出的杯子	新的機會
發呆不看任何事物的表情（閉眼）	覺得無聊、冷漠

註：牌中文字於馬賽塔羅是「IIII」，於托特塔羅是「Luxury」（奢華）。

❧ 「Four of Cups 聖杯 4」塔羅指數 ❧

牌的建議

正位★★★：疲憊讓你產生無力感，常常不自覺放空，需要靜養一下。

逆位★★★☆：新的機會就在前方，只需要你突破自我去掌握。

環境狀況

正位★★★：暫時休息為自己累積能量，想好方向再出發。

逆位★★★★：新的變化同時也帶來新的鍛鍊，啓發新的可能性。

關於愛情

正位★★☆：失望與痛苦讓愛情進入靜止階段，請先找回平和吧！

逆位★★★★：找出你們共同的興趣，為你們的生活注入新樂子吧！

關於事業

正位★★☆：對於工作心生厭倦，先給自己一個假期，休息一下，再回頭決定。

逆位★★★☆：一個新機會的預兆，你可以重新考慮這個選項喔！

關於財運

正位★★☆：對於先前過度的花用備感壓力，但也提醒著你該解決了。

逆位★★★☆：重新評估自己的花費，有助於改善你的財務狀況。

❧ 倒牌逆位的意義 ❧

關鍵字
重置

想要擺脫人生的無聊感嗎？已經不得不面對的問題，讓你覺得越來越煩心，但不斷盲目轉變做法是對的嗎？在一次又一次的變動之中，你有新的獲得嗎？沒有看到成果的你，當然漸漸變得消極。

逆位的聖杯 4 要告訴我們的是：你必須轉變觀念，改變對事物的看法，現在唯有新的方法才能解決舊的問題。透過獲取新知得到新的經驗，全新經驗將帶來全新的發現！

Five of Cups

聖杯 5

關鍵字
憂愁

　　當我們感到失落的時候，往往會覺得自己是最可憐的人，卻忘了其實身邊還有愛著我們的家人、支持著我們的朋友。要抽離被打擊後的心情真的很不容易，畢竟當下是脆弱而需要被保護的，明明知道要振作，但就是會想躲進憂傷的情緒之中。雖然不論再怎麼悲傷或後悔都無濟於事，卻不知該如何停止這些情緒，以至於更專注於悲痛了。

　　不是當事者，永遠沒有資格說：這沒什麼大不了。當對方感到失落的時候，我們只需要讓對方知道永遠有人站在他身邊，靜靜的陪伴也是一種有力的幫助。

從圖像元素看牌義

牌中的元素	要告訴我們的意義
身穿黑色斗篷的人	灰暗、無力、沮喪
低頭哀悼的樣子	失落、悲傷
腳邊打翻的三個杯子	破壞、失去、痛苦的感受
背後直立的兩個杯子	所擁有的支持、安慰
前方的河流	帶來憂傷的象徵
遠方的橋及城堡	跨越後得到保護、拯救

註：牌中文字於馬賽塔羅是「V」，於托特塔羅是「Disappointment」（失望）。

牌的建議

正位★★☆：擴大的悲痛讓你的失落感加劇，需要跳出受害者的情緒。

逆位★★★：每個失望都是人生中的提醒，要我們帶著教訓繼續往下走。

環境狀況

正位★★☆：損失已經造成，但只顧著後悔會讓其他進度出現延遲。

逆位★★★☆：找出難過的原因，就可以讓自己找到情緒的出口。

關於愛情

正位★★★：雖然有些爭吵，但還沒那麼嚴重啦！相信船到橋頭自然直。

逆位★★★☆：別只看彼此的缺點，應該把目標放在未來。

關於事業

正位★★☆：沒有搞清楚彼此思考的方向，造成雙方合作不良、沒有成果。

逆位★★★：從錯誤中學習，別把失望當成阻礙，反而要把阻力化成助力。

關於財運

正位★★☆：周轉不靈造成金錢損害，在決定用錢時請多加考量。

逆位★★★☆：用錢三思而後行，會讓你的荷包慢慢復原，累積財富。

✤ 倒牌逆位的意義 ✤

關鍵字
釋放

一直被傷心難過的情緒淹沒，往往會讓你忘了檢視自己所擁有的。事實上，失去的真的有那麼多嗎？還是其實事情沒有這麼糟糕呢？永遠只有自己能拯救自己，經歷過悲傷痛苦之後，你會發現不能只看事情的單一面向，這就是逆位聖杯 5 要告訴我們的事。逐漸恢復過來的你，是否已經學會如何和負面情緒共處，是否知道該如何期待未來呢？

Six of Cups

聖杯 6

關鍵字
回憶

　　也有人把這張牌稱之為「童年」，或許是因為現在的我們是由小時候的我們所造就的，我們童年時所感受到的事物與現在有著密不可分的關聯。在聖杯 6 的畫面呈現上，經常可見小孩的身影，他們純真互動的模樣勾起你我記憶中開懷的孩提回憶，那時我們無憂無慮，對每一件事都感到新奇無比，內心也沒有這麼多煩惱。然而，不是所有人的過去都是如此美好的，過去事件造成的陰影同樣也會縈繞不去。但人總不能一直活在過去，回顧過往後，最重要的是能以同理心來對待他人。

從圖像元素看牌義

牌中的元素	要告訴我們的意義
古老的莊園房屋	象徵寧靜的過去
聖杯中的花	美好的回憶
兩位童年主角	孩提時代的純真
面對面的姿態	照顧、無憂無慮
大孩童把裝有花的聖杯遞給小孩童	贈與、分享
遠方持權杖的人	給予安全的保護

註：牌中文字於馬賽塔羅是「VI」，於托特塔羅是「Pleasure」（享樂）。

「Six of Cups 聖杯 6」塔羅指數

牌的建議

正位★★★★：多和之前的朋友們聯絡感情，會讓你感受到溫暖慰藉喔！

逆位★★★☆：無法回到過去，別對彼此太強求，試著調整情緒。

環境狀況

正位★★★★：過去所經歷的一切，將會成為現在的養分。

逆位★★★☆：理想中的狀況瓦解，不能保有之前的成果了。

關於愛情

正位★★★★：想起彼此的美好回憶，能讓你們恢復愛情活力。

逆位★★★：請活在當下，別一直為了過去的不開心而爭吵、翻舊帳。

關於事業

正位★★★：做法太保守，這樣的工作方式很難看到進步。

逆位★★★★：開始接觸新科技、新事物，打破舊有看法，展望未來。

關於財運

正位★★★★：金錢運平順，還有機會得到額外的獎賞與禮物。

逆位★★★☆：雖然沒有太多金錢困擾，但也只是剛好夠用，花錢計畫該檢視囉！

倒牌逆位的意義

關鍵字
忘懷

該如何看待過去事件所造成的影響，便是逆位聖杯 6 要我們去體悟的。我們只能卡在過去的經驗之中嗎？還是可以從中發現出問題點，然後有所改變，進而對未來展望能有新的期許呢？一直回頭張望是不會有所成長的，現在就打破那些讓你感到束縛或不舒適的慣性吧！展望未來，唯有更真誠的面對自己和他人，才叫做準備好迎接新生活。

Seven of Cups

聖杯 7

關鍵字
幻象

　　什麼都想要，什麼都拿不到！千萬別讓自己陷入這樣的窘局裡。擁有創造力，就能把想像慢慢具體化、多元化，知道自己算是有本事的聖杯 7 主角，明白自己擁有比平常人更多的選擇，每個杯子都代表著生活中的不同領域，但要如何將所有事物均衡發展，而先後順序又該怎麼排列，都應該務實的衡量之後再行動。

　　了解自我之後，再按部就班的執行，未來絕對不是一場白日夢。

從圖像元素看牌義

牌中的元素	要告訴我們的意義
飄浮在空中的七個聖杯	幻想中要追求的
上排杯中的人頭、發光的布、蛇	分別代表心靈、自我、智慧（誘惑）
下排杯中的城堡、珠寶、桂冠及怪物（龍）	指冒險、財富、勝利及恐懼
放有桂冠的杯子上模糊的骷髏頭	勝利的代價、死亡的警惕
下方張開手的姿態	象徵迷惘
人正在選擇的背影	憂心害怕

註：牌中文字於馬賽塔羅是「VII」，於托特塔羅是「Debauch」（沉淪）。

❧ 「Seven of Cups 聖杯 7」塔羅指數 ❧

牌的建議
正位★★☆：明明知道不可行，卻寧可自欺欺人。

逆位★★★★：專注能讓你看清優先順序，請先面對現實，再擬定計畫。

環境狀況
正位★★★☆：別一直作白日夢，動起來才可能實現夢想。

逆位★★★★：設定目標後，才能運用正確邏輯進行思考，確立行動方針。

關於愛情
正位★★☆：優柔寡斷的你，放縱自己去放大欲望，不斷受到外界誘惑。

逆位★★★：雖然看清自己正困在愛情遊戲之中，但還沒找到解決之道。

關於事業
正位★★☆：被大量虛構的成功幻象所吸引，但真的能執行嗎？

逆位★★★★：堅強的意志力能增強你完成事情的決心。

關於財運
正位★★★：容易上當，增加了很多不應該浪費的額外開銷。

逆位★★★☆：找到好像可以快速致富的方法，但還是缺之行動。

❧ 倒牌逆位的意義 ❧

關鍵字
決心

　　先選擇一個你可以達到的目標，並慢慢建立信心，成功便會逐漸向你靠近。說真的，世上沒有什麼兩全其美的方法，或許現在的生活讓你備感壓力，雜事更是令人感到頭昏腦脹，根本沒空好好思考，那就不如讓自己放空一下吧！就跟逆位聖杯 7 一樣，把杯子裡的東西都先倒出來，搞不好就能想出一個明確清晰的答案，確立正確的未來方向，讓自己堅定決心向前邁進！

Eight of Cups

聖杯 8

追尋

　　畫面中背對著我們的人正選擇離開一段關係，這意味著什麼呢？我們人生之中有許多困惑，大部分的時候，我們都是放在一旁，眼不見爲淨就好，但總有一天還是得去面對，這樣的轉變可能是一種割捨、一個行動，我們之所以不願去處理，是因爲這段關係可能十分緊繃、脆弱不安。現在是提升自我成長價值的時刻了，暫時放下現在所擁有的，因爲撤退、放空之後，才能去尋找更深層的精神意義，或許這次得到的不是物質犒賞，而是心靈滿足。

從圖像元素看牌義

牌中的元素	要告訴我們的意義
八個疊起來的杯子	過去所建立的成果
杯子缺口中的人	發現缺少、沒獲得滿足
身穿紅色的衣服	行動力、執行
逆流而上的姿態	吃力的、費勁的
面無表情的新月	未知的不安
背景平靜無波的水（沼澤）	情感的停滯、生活的平淡

註：牌中文字於馬賽塔羅是「VIII」，於托特塔羅是「Indolence」（怠惰）。

❦ 「Eight of Cups 聖杯 8」塔羅指數 ❦

牌的建議

正位★★☆：提不起精神的你，需要補足能量，再重新找回方向。

逆位★★★☆：堅持到底能讓你感受內心的渴望，讓你慢慢恢復信念。

環境狀況

正位★★☆：行屍走肉般的遊蕩，感覺被困住了，日子過得十分空虛。

逆位★★★：是時候該面對自我情緒，心底的聲音會引導你前進。

關於愛情

正位★★★：害怕接觸親密關係，請打開心房，才會找到真愛。

逆位★★★☆：告別一段讓自己不舒服的戀愛，你會發現自己找回快樂。

關於事業

正位★★★☆：是時候給自己一個假期去旅行，開拓眼界才能突破思考疆界。

逆位★★★★：雖然機會稍縱即逝，但你從中得到領悟，學習把握下一次。

關於財運

正位★★☆：再等等看吧！持續的努力追求，多少會有一些金錢回饋喔！

逆位★★★：猶豫不決的反覆思考，對收入與支出都不好。

❦ 倒牌逆位的意義 ❦

關鍵字
捨得

逆位聖杯 8 告訴我們：如果我們想要有所成長，就必須學會割捨。遇上瓶頸的你，一方面不想放棄所擁有的，另一方面又急迫的希望心靈獲得滿足，因而陷入兩難，無從做出抉擇。其實，現在你正碰到人生的轉捩點，害怕割捨會讓自己感到後悔，不知如何突破，但與其擔心未來會後悔，不如透過行動來幫助自己想通、開悟，就能獲得心靈解放，了解真正的幸福是什麼。

Nine of Cups

聖杯 9

關鍵字
自滿

　　畫面中的人物看起來十分滿意目前的成果，那是現在的你嗎？如果是的話，你可說是如日中天，正在享受大家注目的眼光，這代表你已完成自己所定下的目標，並且獲得應得的報償，這樣的成績相當令人羨慕，也讓你肯定自己的做法是對的！

　　因為如此，你發現到自己是很有價值的，這樣的想法伴隨著極大的自信，讓人覺得心滿意足，也許可以開始放輕鬆了。既然你已衣食無虞，夢想成真，現在不妨來好好犒賞自己一番吧！

從圖像元素看牌義

牌中的元素	要告訴我們的意義
中央抱胸姿態的人	得意、自負的展現
臉上滿意的表情	快樂開心的樣子、享樂
身後九個排排站的聖杯	象徵社交
高過主角聖杯的位置	帶有炫耀的意涵
紅色頭巾	思想行動的成功、夢想成真
黃色的背景	活力、喜悅

註：牌中文字於馬賽塔羅是「VIIII」，於托特塔羅是「Happiness」（幸福）。

❧ 「Nine of Cups 聖杯 9」塔羅指數 ❧

牌的建議

正位★★★★：把夢想具體化，打造出你心中的夢想藍圖。

逆位★★★☆：沉醉於之前的勝利，忘了還是需要持續努力前進。

環境狀況

正位★★★★☆：成功為你帶來很多物質上的收穫，生活過得很富裕。

逆位★★★☆：手頭寬裕的你，變成太過膚淺的物質享樂主義者了。

關於愛情

正位★★★★：不僅彼此相處愉快，物質生活上也十分滿足。

逆位★★★☆：兩個人隱藏許久的缺點會漸漸曝光，打破表面假象。

關於事業

正位★★★★：克服困難，取得工作優勢，創造出心中所想。

逆位★★★☆：稍微有些成就便使你自滿，讓大家覺得你難以取悅。

關於財運

正位★★★★☆：收入來源廣，讓你累積了不少財富，衣食無虞，生活安逸。

逆位★★☆：小心用錢，別過著太享樂奢華的生活，以免未來坐吃山空。

❧ 倒牌逆位的意義 ❧

關鍵字
虛假

　　面子真的有這麼重要？為了營造勝利者的假象，炫耀著過往成就，大家真的都會投以羨慕的眼光嗎？但你對於這一切似乎還是不滿意，因為你的精神層面並沒有得到真正的喜悅。逆位聖杯 9 就是要告訴我們，展現固執而獲得表象的順從，根本只是虛假的短暫滿足，不願分享會招來後續的失敗。讓自己能看清真相、忠於自我，並且獲得自由，才是最實在的。

Ten of Cups

聖杯 10

關鍵字
滿足

　　用幸福美滿來形容聖杯 10，真的再適合不過了！畫面上特別表現出情感和諧的關係，還成立了家庭，這不就是我們想像中的快樂生活嗎？

　　沒有過多的華麗莊園、奢華服飾，卻能感覺到人與人間自然的肢體接觸，情感流露，相互關懷，看到彩虹就宛如看見了歡樂與希望。真正的快樂就在日常生活之中，不是金錢財富，也不是名利成就，而是人的溫暖陪伴。這個道理告訴我們：簡單就是幸福！

從圖像元素看牌義

牌中的元素	要告訴我們的意義
天上的一道彩虹	美、和諧
彩虹中的十個杯子	圓滿與穩定
擁抱的伴侶	愛、快樂
向上展開雙臂的姿態	分享、關懷
手拉手跳舞的小孩	無憂無慮的快樂、互動交流
豐饒的大地、遠方的房子	象徵富足的家

註：牌中文字於馬賽塔羅是「X」，於托特塔羅是「Satiety」（飽足）。

牌的建議

正位★★★★★：擁有幸福美滿的成果，體驗生命中的美好事物。

逆位★★☆：或許在家庭中遇到難題，請先了解大家的需求是什麼。

環境狀況

正位★★★★☆：身處於和諧的大家庭中，無論身心靈都感到滿足。

逆位★★☆：因失去自我價值觀而逃避，離原先規畫的夢想越來越遠。

關於愛情

正位★★★★★：兩個人邁向穩定的關係，可以進入婚姻，感受愛的真諦。

逆位★★☆：相處時間太少，雙方漸漸感到疏離。

關於事業

正位★★★★☆：你的付出獲得肯定，事情都能順利且完整的處理完畢。

逆位★★★：先處理不滿情緒，千萬不要破壞人與人之間溝通的橋梁。

關於財運

正位★★★★☆：或許金錢收入不多，但心靈的富足讓你覺得更重要。

逆位★★☆：沒有什麼理財計畫的你最近要人失血了。

倒牌逆位的意義

關鍵字
不合

為什麼大家無法合作呢？單單只因意見不合，還是發生了什麼不開心的事情？逆位聖杯 10 要我們去思考的是：為何突然會有情緒想要發作？是自己的價值觀迷失了，還是情同家人的默契已經不在，讓你想要遠離？其實，追根究柢，都是因為太在乎，才會有如此強烈的情緒波動，未來還會有許多不穩定的衝突，只能多提醒自己要平心靜氣面對。

Page of Cups

聖杯隨從

　　透過感情交流來學習感受事物的聖杯隨從，愛幻想，生性溫和，願意傾聽別人的故事。與此同時，也讓自己的心靈更爲堅強。身爲一位心思細膩又敏感的人，很能發揮同理心，爲別人著想。

　　如果聖杯隨從是形容一種狀況，那麼這個狀況一定是與愛有關。其實我們身上大多數的事物都與人的情感面相關，該如何適當的給予反應，如何均衡每個人對事情的期待，變得比處理事情本身還更重要。

從圖像元素看牌義

牌中的元素	要告訴我們的意義
注視著杯子的人	好奇
身穿花朵衣服	情感豐沛、多愁善感
輕鬆站立的姿勢	友善、接納、敞開心智
杯子躍出的魚	想像力、創造力
藍色的頭巾	心思細膩、喜愛思考、想像
微微波動的海	溫柔、愛

註：牌中文字於馬賽塔羅是「VALET‧DE‧COUPE」，於托特塔羅是「Princess of Cups」（聖杯公主）。

❦「Page of Cups 聖杯隨從」塔羅指數 ❦

牌的建議
正位★★★☆：不受拘束的你，常有讓大家眼睛為之一亮的點子。

逆位★★☆：容易忽略錯誤的你，做起事來都不踏實，容易逃避問題。

環境狀況
正位★★★★：只想活在當下的你，開心就好，對於一些冒險都願意去嘗試看看。

逆位★★★：你太重感情且個性隨和，容易讓人牽著鼻子走。

關於愛情
正位★★★★：若願意敞開心胸去愛，就會有一些感情新體驗。

逆位★★★：情感中太過依賴，只要一點不愉快就會讓彼此感覺到悲傷。

關於事業
正位★★★：時機未到，加上你也不想太過積極行動，因此，目前不會有什麼表現。

逆位★★☆：恐懼受傷的你，不願與別人合作、互動，顯得有點畏首畏尾。

關於財運
正位★★★☆：無條件的為他人服務，雖然沒獲得金錢回報，但心裡感到滿足。

逆位★★★：對人十分友善的你，早已損失金錢還不自知，要多留意了。

❦ 倒牌逆位的意義 ❦

**關鍵字
分心**

　　腦子總有源源不絕的新點了冒出來，但別讓豐富的想像力太過理想化，會讓人搞不清楚現實與幻想喔！逆位聖杯隨從提醒著我們要注意身邊的誘惑，不要隨波逐流，也不要人云亦云，混淆真假。我們常因為自己立場不堅定而三心兩意，且過於在意與對方的感情而忘了關懷自己，所以我們應該要堅定意志，不要對別人的情感回饋有錯誤的期待。

Knight of Cups

———

聖杯騎士

魅力　　　　白馬王子

　　騎著白馬現身的年輕人，浪漫優雅的行進著，善良的他喜歡與人分享世界的美好，這不就是童話故事中的白馬王子嗎？聖杯騎士象徵著目前關係的和諧與滿足，雖然十分迷人，但也容易陷入多愁善感之中。

　　如果聖杯騎士是形容一種狀況，表示行動過於理想化。雖然事情進行得十分緩慢，短期內無法看到成果，但還是願意協助他人或得到大家的支援，進而鼓舞了所有人的精神。

從圖像元素看牌義

牌中的元素	要告訴我們的意義
直視前方的姿態	理想崇高、充滿抱負
手中平舉端著的杯子	重視平等感受
頭上與腳上裝飾的翅膀	藝術天分、想像力
在馬背上平穩的姿勢	和平共處、優雅
白色的馬	純潔的象徵
將跨越的河流	感性的落實

註：牌中文字於馬賽塔羅是「CAVALIER‧DE‧COUPE」，於托特塔羅是「Prince of Cups」（聖杯王子）。

❧ 「Knight of Cups 聖杯騎士」塔羅指數 ❧

牌的建議

正位★★★★：為人親切，到哪裡都引人注目，讓你贏得好人緣。

逆位★★★☆：感情用得太多，會顯得奉承、膚淺，反而無法呈現真心。

環境狀況

正位★★★☆：因為想把善意傳遞給別人，所以對人十分友好。

逆位★★★：太在意別人對你的想法，過於小心翼翼，反而讓你有距離感。

關於愛情

正位★★★★☆：遇上理想對象，不妨跟隨直覺去付出，用心經營。

逆位★★★☆：雖然知道可能是一段沒有回報的愛，你還是願意為愛而愛。

關於事業

正位★★★☆：著重與人的溝通，發揮協調優勢，大家都願意幫你的忙。

逆位★★★：過度敏感的完美主義者，自己能力明明不足，還不如問問他人。

關於財運

正位★★★☆：經濟狀況平順，但可能會有很多親友聚會，花費不少金錢。

逆位★★★：對某些事物可能會上癮，使金錢產生不均衡的變動。

❧ 倒牌逆位的意義 ❧

關鍵字
欺瞞

太過濫情也可能造成感情失落，為了不想履行承諾，漸漸不再誠實，甚至選擇逃避。逆位聖杯騎士強調的是評估的重要性，應該把所有選擇攤在陽光底下，看看有哪些是時機尚未成熟，而有哪些是可以做的，千萬不要編織美好的幻想來騙自己，會讓你把所有事情都想得太樂觀，請務實的衡量自己的行動。

Queen of Cups

聖杯王后

聖杯王后最重視人與人的互動，總是溫柔又寬容，可說是眾人的保護者。她總是很有耐心的化解可能發生的衝突，讓大家都平靜下來；她會永遠伸出雙臂給你一個大大擁抱，讓你感受到支持；但別忘了，也許她也是需要被關懷的人喔！

如果聖杯王后是形容一種狀況，表示身邊將會傳來令人喜悅的好消息，面臨的困擾也都能圓滿解決，迎接被幸福籠罩的氛圍，讓大家都十分感動。

從圖像元素看牌義

牌中的元素	要告訴我們的意義
教堂造型的聖杯	心靈、神祕的力量
注視著聖杯的樣子	願意付出、虔誠
坐在陸地上的人	貼近現實
腳上被四周水氣浸濕的裙襬	被情感所影響
身後的大貝殼王座	包容、接受
小美人魚的圖案	溫柔慈悲、陪伴

註：牌中文字於馬賽塔羅是「REYNE‧DE‧COUPE」，於托特塔羅是「Queen of Cups」（聖杯王后）。

❧「Queen of Cups 聖杯王后」塔羅指數 ❧

牌的建議
正位★★★★：相信人性又富同情心，並有看見事物美好一面的眼光。
逆位★★★☆：情緒善變，一下干涉太多，一下又忽視別人的需求。

環境狀況
正位★★★★：能十分體諒別人的立場，用客觀的方式來圓滿處理事務。
逆位★★★☆：感情豐富，小心自己的喜怒無常容易造成誤會。

關於愛情
正位★★★★☆：先付出與包容，能讓你在愛情方面收穫滿滿。
逆位★★☆：對愛情過度依賴，即使遇到不對的人也很難自拔。

關於事業
正位★★★★：不太抱怨的你，在工作表現上得到許多人的看好，必能實現目標。
逆位★★★☆：掉入自我情緒中，不願意配合大家的步調，變得漠不關心。

關於財運
正位★★★☆：願意將金錢用於大眾服務領域，在自己的經濟方面則覺得夠用就好。
逆位★★★：消極面對金錢壓力，覺得目前不想管這件事。

❧ 倒牌逆位的意義 ❧

關鍵字
猶豫

　　內心有太多複雜的感覺，造成情緒波動，而無法專注於現在該做的事情上。還沒開始行動之前，就因為你的猶豫不決，已經造成很多事情沒有成果，進而引發難過、沮喪的情緒。面對挫折感，你寧願自己一個人躲起來，迷失在悲傷之中。該如何度過這個敏感的階段？逆位聖杯王后告訴我們：應該讓自己走回現實之中，多與人接觸，找回信任，並聽取建言。

King of Cups

聖杯國王

　　對於任何人事物都很有責任感的聖杯國王，可以說是照顧者的角色。他在感情方面特別慎重，總是對事物充滿憐憫，願意給予實質幫助，且不求回報。年紀稍長的他能為大家帶來幸福，因此在愛情方面象徵進入婚姻狀態。

　　如果聖杯國王是形容一種狀況，表示能很快融入環境，獲得大家的愛戴，跟大家打成一片，相互給予關懷照顧，事件的發展也就能按照期待穩定下來。

從圖像元素看牌義

牌中的元素	要告訴我們的意義
平行拿權杖與聖杯的姿勢	平衡情感與物質
胸前魚形的項鍊	想像力、創意
背景的紅色帆船	潛意識的行動運用
圍繞的水	深厚的情感、藝術性
四方形地面的王座	穩固
腳下與水劃分的界線	掌控情感、務實做法

註：牌中文字於馬賽塔羅是「ROY‧DE‧COUPE」，於托特塔羅是「Knight of Cups」（聖杯騎士）。

「King of Cups 聖杯國王」塔羅指數

牌的建議
正位★★★★☆：踏實穩重又謙虛的你，讓很多人都願意跟隨你。
逆位★★★：太容易感傷、愁眉不展，會無意中顯現出自己的軟弱。

環境狀況
正位★★★★☆：耐心十足的你，傳達出一種溫暖的安全感與信賴感。
逆位★★★：多愁善感的你，會被情緒操控而退縮，讓事情更混亂。

關於愛情
正位★★★★☆：慢火細燉的戀情，需要時間來發覺彼此的真心。
逆位★★☆：在錯誤的道路上尋找愛情，請先搞清楚什麼樣的愛是你要的。

關於事業
正位★★★★：不怒自威，工作能力被肯定，總是給人信賴感的你能做出一番成就。
逆位★★☆：沒有魄力，無法當機立斷，只能用等待來面對問題。

關於財運
正位★★★★：規畫妥當，讓經濟方面十分平穩，可以買一些喜歡的東西。
逆位★★★：突如其來的生活狀況，會讓你選擇以花錢了事的方式來處理。

倒牌逆位的意義

關鍵字
醜聞

人總是會有情緒的黑暗面與消極面，這就是逆位聖杯國王要提醒我們的。曾經在感情上受到傷害的你，這些悲傷會成為你內心的弱點，壓抑很久的負面情緒使你不再仁慈或善良，你會把過往的經驗與知識用在不正當的地方，甚至覺得為了避免受傷，最好搶先攻擊。愛在你心中已經扭曲了，現在的你應該要對過去釋懷，「原諒」才是你最好的解藥。

黃金黎明塔羅牌
Golden Dawn Tarot

作者：Israel Regardie & Robert
　　　Wang
發行：U.S. Games

黃金黎明協會於一八八八年在英格蘭成立時，是一個祕密的魔法團體，對塔羅牌的貢獻相當大。這副牌使用了卡巴拉及東方的象徵符號，在傳統的馬賽塔羅版本上做變化；而小牌的部分，使用的角色是國王、王后、王子與公主。

芭芭拉沃克塔羅牌
Barbara Walker Tarot

作者：Barbara Walker
發行：U.S. Games

以全世界的神話與神明故事作為創作藍圖，畫面中的留白讓人能夠更清楚的看到圖像所要傳達出來的訊息，色彩相當飽和，元素表現也十分清楚。在五十六張的小牌部分，加上一個英文單字作為關鍵語，對破題解說很有幫助喔！

螺旋塔羅牌
Spiral Tarot

作者：Kay Steventon
發行：U.S. Games

傳達出生命輪迴的意義，結合了很多神祕學的元素，並融合星座行星的對應、神話故事的意涵延伸、生命之樹與希伯來文的神祕架構等，讓你的解讀內容更豐富生動。

古徑塔羅牌
Tarot of the Old Path

作者：Howard Rodway & Sylvia Gainsford
發行：U.S. Games

「古徑」是指隱藏在森林裡的神祕道路，有人形容那就是精靈之峰相連之處，可以通往神祕的國度，以中國東方的角度來說，或許就是所謂的桃花源吧！再搭配女巫的故事，使這副以森林為場景的塔羅牌中，不僅充滿森林的神祕靈力，還彷彿能呼吸到芬多精呢！

女神塔羅牌
Goddess Tarot

作者：Kris Waldherr
發行：U.S. Games

在二十二張的大阿爾克納中，以世界各國的女神當作主要角色，對應不同的塔羅意涵；而在小牌部分，用的是連續的主人翁，由四種歷史文化背景，帶出塔羅牌中要傳遞的訊息。這是一副溫柔的牌，與牌中的核心女神互相呼應。

奧修禪宗塔羅牌
Osho Zen Tarot

作者：Ma Deva Padma & Osho
發行：U.S. Games

奧修禪宗塔羅牌又名奧修禪卡，融入了心靈大師奧修的思想，創造出一副很生活化的塔羅牌，運用了傳統塔羅牌的七十八張架構，再加上一張師父卡，成為了七十九張的設計，將塔羅牌的圖象融合了涵義，直接轉換成簡單詞組，助你找到方向。

沃爾斯塔羅牌
Universal Wirth Tarot

作者：Giordano Berti & Stefano Palumbo
發行：Lo Scarabeo

奧斯瓦德沃爾斯是一個占星治療師，根據重建沃爾斯研究的規格，有著完全景區周圍的裝飾元素符號，每一張圖片中的背景都有華麗的框架，強調了之前版本中畫面裡的線條，另外也在小阿爾克納設計了一些獨特的新圖像。

錬金術塔羅牌
Alchemical Tarot

作者：Robert M. Place
發行：個人創作

這是一套基於鍊金象徵和意象的塔羅牌，以傳統偉特的角度來詮釋，在占卜上十分好用。除了神祕學的轉型過桯與鍊金術符號的應用，還包含星座、行星、元素等，在捕捉鍊金術概念中又強調與潛意識的溝通。

新神話塔羅牌
The New Mythic Tarot

作者：Liz Greene & Giovanni Caselli
發行：U.S. Games

重繪十分熱門的古希臘主題神話塔羅牌，描繪希臘神話的生活經驗，一九八六年首次出版時便深受占卜家喜愛。在希臘神話中，這些富有戲劇性又令人興奮的故事不僅揭示了深刻的真理，更體現我們現今生活的方方面面。

華奇特塔羅牌
El Tarot Renacentista de Giovanni Vachetta

作者：Julian White
發行：SIRIO

華奇特塔羅牌的變化，可以讓我們看到馬賽演化到偉特的進程。塔羅牌的畫面從平面轉為立體，小牌的部分也不單只是數量與花紋，開始出現一些神話、傳說裡的象徵符號，仔細研究或許能讓我們發現更多特別的塔羅祕密喔！

請掃描 QR code 欣賞各式塔羅牌

交流之風──寶劍牌組

象徵風元素的寶劍，是攻擊，也是防禦，就如同寶劍具有雙面刃。但在塔羅牌之中，把寶劍比喻成溝通，將具象的兵器化為如同風一般無形，就像語言一樣，雖然看不見刀光劍影，卻有著強大的力量！

在寶劍牌組的意義呈現上，多為負面的破壞、傷害與痛苦，但其實寶劍還是有傳達出專業與智慧，喜歡思考，樂於求知，且重視整體溝通的過程，就跟占星學中的風象星座（水瓶、天秤及雙子）一樣，充滿創意，擁有效率，善於溝通，總是能找出更好的做事方法。

如果在占卜中出現很多寶劍牌組的牌，要特別注意處理事務的態度，是不是太漠不關心，或是太恐懼膽怯，其實早就看清狀況的你很容易陷入人生的困惑之中，說穿了，你根本就知道該怎麼做才能有好結果，只是還沒被點醒罷了。

寶劍牌組	宮廷牌角色	風象星座對應	中世紀階級	季節
寶劍國王	（風）之土	水瓶座		
寶劍王后	（風）之水	天秤座	貴族	秋
寶劍騎士	（風）之火	雙子座		
寶劍隨從	（風）之風	無		

Ace of Swords

寶劍 1

征服

　　從雲中伸出的手,以強而有力的角度握住寶劍,透露出持劍者早就深思熟慮才執行這個動作。寶劍 1 要告訴你的訊息是:若你有本事,只要做好周詳的計畫,就能開拓出自己想要的未來。

　　但寶劍畢竟是武器,在你追求成功的過程中,若是太過執著,就有可能為別人帶來傷害。頂端被寶劍穿過的皇冠,正提醒著我們千萬別鋒芒畢露,在主動出擊面對挑戰、獲得榮耀與勝利的同時,也要留意自己是否過度表現,攻擊到別人而不自知。

從圖像元素看牌義

牌中的元素	要告訴我們的意義
握緊寶劍的手	決心、掌握
中央不偏倚的寶劍	強調中立、平靜了解
天空上方的皇冠	權力、成就
寶劍穿過皇冠的樣子	極端、過剩
皇冠裝飾的桂冠、葉片	勝利、和平
背景冷峻的高山、山峰	冷靜、明晰

註:牌中文字於馬賽塔羅是「I」,於托特塔羅是「Ace of Swords」(寶劍王牌)。

牌的建議

正位★★★★：展現專注的心智，確認方向後快速找出達成的路徑。

逆位★★★☆：計畫延誤源自於思考邏輯不完備，以致失去意志力。

環境狀況

正位★★★☆：行動之餘，也要看穿事情的真相，才能做出最有利的判斷。

逆位★★★：將手邊事物全面檢視，冷靜分析之後，把重點找出來。

關於愛情

正位★★★☆：追求的方式令人感到壓力，也要體諒一下對方的感受。

逆位★★☆：若缺乏信心，對方也無法對你感興趣，別先給自己設限。

關於事業

正位★★★★☆：全新的挑戰，運用你的經驗擬定計畫，就能成功。

逆位★★★☆：失去力量的你，讓目標不明確，以至於做出不公平的決定。

關於財運

正位★★★★：有效率的用錢，讓你節省下不少經費。

逆位★★★：衝動性消費變多，突然耳根子軟，很容易受到誘惑。

❧ 倒牌逆位的意義 ❧

關鍵字
自負

　　劍鋒向下的寶劍 1，又被皇冠所阻礙，是不是很像思緒卡住而無法順利思考的狀態呢？

　　毫無頭緒、判斷失誤、遭受攻擊、占下風，都是寶劍 1 逆位所要提醒的問題。雖然目前面臨困難，感覺混亂，但我們還是可以堅定的朝目標前進，千萬別用誇大其詞的方法來取得短暫的信任，若無法正確的調整步伐，原本能夠迎刃而解的事情，反而會變得無法收拾。說真的，抽到寶劍 1 逆位的你，不妨讓時間來協助你思考，沒有什麼事情非得當下決定不可，先冷靜一下吧！

Two of Swords

寶劍 2

關鍵字
逃避

　　其實沒有什麼事情非得現在面對不可！雖然你可能也已知道這個道理，卻蒙蔽自己的雙眼，手持寶劍防禦，拒絕的姿態讓自己確實得到了當下的平靜，但寶劍已經超出畫面的邊框，可想而知，這是一個沉重的負荷，用視而不見來逃避，想必也不輕鬆。或許現在的你正面臨兩種選擇，千萬別倉促做出重大決定，現在還可以多做觀察，也可以多與人交流，參考他人意見，都能協助你釐清思路，知道什麼方案才是最可行的。

從圖像元素看牌義

牌中的元素	要告訴我們的意義
矇住眼睛的女子	困惑、限制
交插在胸口的手	抗拒、防衛
手中的兩把劍	選擇、衝突
兩把劍同樣角度的姿勢	僵局、對立
身後的一片水（海）	象徵不面對情感、逃避
遠方的月亮	拒絕內在聲音、深層潛意識

註：牌中文字於馬賽塔羅是「II」，於托特塔羅是「Peace」（和平）。

牌的建議

正位★★☆：不明的決策造成僵局！或已發現問題，但處理時機未到。

逆位★★★：採取行動是唯一能打破現況的方法，表面的平靜不是真的。

環境狀況

正位★★★：懸而未決的情況，讓大家都不敢輕舉妄動，只能拖延下去。

逆位★★★☆：雙方達成一種微妙的平衡，慢慢找到和解之道。

關於愛情

正位★★☆：勉強自己痛苦的妥協，不見得會在未來看到改變。

逆位★★★：學著說「不」，抗拒令人不愉快的要求，才能解開束縛。

關於事業

正位★★★：所有人各自為政、目標相反，因而產生矛盾。

逆位★★★☆：調合歧見的過程或許不舒服，但總是要跨越紛爭，共處整合。

關於財運

正位★★★：擔心過度，空有投資計畫卻沒有行動，消極的維持現狀。

逆位★★★☆：雖然大刀闊斧著手財富規畫，但還需要耐心等待，現在還未看到明顯起色。

❧ 倒牌逆位的意義 ❧

關鍵字
解脫

　　願意放下手中的寶劍，就能空出雙手將矇住眼睛的布給打開，讓自己開始面對現實，打破僵局。這個過程是痛苦的，但是我們不能繼續躲在看似平靜的謊言之中。逆位的寶劍 2 指出一個明確而光明的目標，但也特別提醒我們，在理性與情感尚未找出平衡點之前，不用輕舉妄動，先發揮你的洞察力，觀望行動是否與你的理解相同，才會有好的回應。

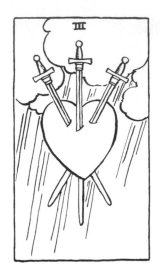

Three of Swords

寶劍 3

關鍵字
傷心

　　光看到一顆心上插了三把劍，就能感受到那份痛楚，再加上背景的陰雨，更為這張寶劍 3 增添了一縷悲傷。我們在難過的時候，經常會問為什麼，不知道為何自己要受到這樣的對待，但是寶劍穿心的樣子像在提醒著我們，必須正視失望和傷心，接受痛苦，面對原因，才能放下。這個過程說來容易，做起來其實很困難。不過當我們正沉溺在悲痛之中，也只能慢慢的讓時間將難受的情緒帶走，才能讓自己漸漸釋放。

從圖像元素看牌義

牌中的元素	要告訴我們的意義
被劍穿刺的愛心	受傷、痛苦的象徵
三把寶劍卡住心的樣子	延遲、阻撓
寶劍間的對稱角度	了解、和諧
愛心上的小傷口	心碎、傷口
灰色的陰天雲朵	過去經歷的堆疊
下雨的背景	失落灰暗、傷痛的感受

註：牌中文字於馬賽塔羅是「III」，於托特塔羅是「Sorrow」（悲傷）。

「Three of Swords 寶劍 3」塔羅指數

牌的建議
正位★★：現狀混亂痛苦，讓你把錯誤與過失歸咎別人，因羞愧而發怒。

逆位★★☆：學著面對自己的傷痛，這樣才能正式去克服它。

環境狀況
正位★☆：十分憂鬱，任何小爭吵都會引發淚流滿面、情緒潰堤。

逆位★★☆：不和諧讓大家都很受傷，唯有友善溝通方能化解尷尬。

關於愛情
正位★☆：被迫接受不是出自本身意願的決定，因此感到心碎而痛苦。

逆位★★☆：漸漸復原，了解原因，拋開悲傷，療癒創傷，面對疑慮。

關於事業
正位★★：談判破裂，甚至於損害情感，產生分離與不信任，瀰漫悲傷情緒。

逆位★★☆：放下失敗的悲傷，才能慢慢恢復過來，重振士氣再出發。

關於財運
正位★☆：遇上難以處理的金錢危機，煩惱失去的財富，覺得崩潰。

逆位★★☆：失去金錢固然傷心，但還在可接受的範圍，請痛定思痛去更正。

倒牌逆位的意義

關鍵字
痊癒

看到逆位寶劍 3，我們可以想像寶劍慢慢從愛心中抽離，傷心難過的狀況已經結束，也開始接受療傷，但這樣的苦痛並不是一瞬間就能結束，還需要一段時間療傷止痛。目前可能選擇隱忍悲傷、壓抑情緒的你，一直盡力設法讓自己看起來還好，但你應該正視傷痛所帶來的害怕與沮喪，這樣才有機會戰勝它。見到過往傷口卻不再感到恐懼，就是邁向痊癒的開始！

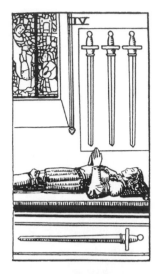

Four of Swords

寶劍 4

休息

　　休息是為了走更長遠的路，這張寶劍 4 所體現的就是這個道理。在一個像是教堂內部的環境之中，暫時告別世俗的干擾，讓人平心靜氣的好好反思：自己過往的行動對嗎？現在的心情好嗎？未來的計畫在哪？唯有停下腳步，才真的有時間能好好思考。這次不要著急行動，透過這段自我評估的過程，可以幫助你找回人生定位。

　　事情都必須經過深思熟慮才能執行，身旁的寶劍也告訴我們，隨時都能有重獲生機、東山再起的機會喔！

從圖像元素看牌義

牌中的元素	要告訴我們的意義
平躺的人	停止、休息
看不到腳的樣子	沒有行動力
雙手合十的姿態	體會安詳、感受寧靜
掛在牆上的三把劍	無用、消極
身旁的一把劍	準備、繼續、再起的象徵
窗戶上的聖母圖騰	神聖、祈禱

註：牌中文字於馬賽塔羅是「IIII」，於托特塔羅是「Truce」（休戰）。

「Four of Swords 寶劍 4」塔羅指數

牌的建議

正位★★★：需要休息一下，才能恢復力量來處理目前的困境與問題。

逆位★★★☆：集中力量才能真的對你有幫助，請相信更專業的建議。

環境狀況

正位★★☆：處在充滿壓力的狀況之中，無法思考事情的優先順序。

逆位★★★：雖然計畫被擱置，卻給了自己好好沉思的時間，想好再做吧！

關於愛情

正位★★☆：不想處理現在愛情上的問題，就暫時給彼此一些空間吧！

逆位★★★：開始溝通，關係破冰，但過於堅持己見還是會造成退縮。

關於事業

正位★★★：現在中止或退出這個計畫，或許對工作上的傷害最小。

逆位★★★☆：慢慢的從失敗困境走出，消除對自己的疑慮後，再站起來！

關於財運

正位★★☆：收入平平，沒有什麼太大起色，還可能有一些小錢損失。

逆位★★★：振作起來就可以增加收入，經濟狀況就會越來越好。

倒牌逆位的意義

關鍵字
恢復

開始慢慢找回活力，想要彌補自己曾經失去的！因為過去的疲憊不堪，讓你的心理產生陰影，但現在的你經過一番沉潛，已慢慢回復氣力。當逆位寶劍 4 出現時，說明你已經準備好重新面對自己的人生，深思後的行動也將變得謹慎小心，畢竟經歷了一段沉潛，你領悟到唯有接觸問題才能看見壓力，並進一步化解危機。

Five of Swords

寶劍 5

關鍵字
爭議

　　一時的挫折不是眞的失敗，暫時的獲勝也不是眞成功。如果你是前方暗自竊喜的人，要特別注意了：紛亂的局面雖然有利於你，但你不也沒有多餘的手來拿地上的寶劍嗎？而分頭遠離的人，因爲現在受創而寧可放棄手中的寶劍，看起來像是損失了，但從不同角度望去，或許正走上一條新的道路。贏了一場不光彩的戰爭，只爲了獲得無謂的虛名嗎？面對觀點分歧、意見不同的時候，你是只想著要別人聽你的，還是會廣納建言呢？

從圖像元素看牌義

牌中的元素	要告訴我們的意義
前方充滿笑容的人	獲勝、得意
遠方的兩個人	擊潰、失敗者
手中的三把寶劍	自私、野心的展現
散落的寶劍	爭執結束、分出勝負
已空不出手來拿地上的寶劍	無謂、虛名
感覺快速流動的雲	詭譎緊張的氣氛

註：牌中文字於馬賽塔羅是「V」，於托特塔羅是「Defeat」（擊潰）。

牌的建議

正位★★：瞬間風雲變色，讓人措手不及、模糊焦點，遭受重大打擊。

逆位★★☆：開始思考因應之道，良好的檢查可避免下次的錯誤發生。

環境狀況

正位★☆：有人特意製造爭端，造成大家情感離間，衝突不斷。

逆位★★☆：亂象過後，該收拾殘局，壞情緒也漸漸撫平了。

關於愛情

正位★☆：若只為了無意義的輸贏而激烈衝突，只是徒然破壞感情。

逆位★★：關於爭執，找到和解之道，開始試著去依循兩人訂出的規範。

關於事業

正位★★：在不公平的競爭下獲得勝利，並無實質收穫，只賺到了面子。

逆位★★☆：承認挫敗，可以選擇退出，然後自我療傷，修補自信。

關於財運

正位★☆：已經發覺可能被騙錢，卻沒妥善處理，最終造成損失。

逆位★★：檢視用錢，別再挖東牆補西牆，做到收支平衡才是最重要的。

❧ 倒牌逆位的意義 ❧

**關鍵字
受害**

　　一無所獲的你，真的是受害的一方嗎？還是以失敗為藉口，讓自己以受害者自居呢？逆位寶劍 5 不再是獲勝的一方，而是挫敗者。剛經歷過緊張狀態，為了避免彼此仍殘留不滿的氛圍，不管是否出於自願，你選擇接受協商和調整，但帶有被迫感的接受，反而讓你有所反省，放下自私自利的想法，不再認為大家都對不起你。

Six of Swords

寶劍 6

療傷

　　學習度過悲傷是我們必修的人生課題。有時候，悲傷背後還隱藏著一些祕密，所以不是所有的事情說出來就好了，而這樣的過程只有自己能了解。

　　我們所歷經的傷痛，讓我們對人生感到疲憊不堪，甚至於開始對人產生不信任。渡船場景的寶劍6，暗示著離開，或是一次旅行，也許遠離才能找回平靜。主角身後正在划船的船夫，是在告訴我們：尋求他人幫助是不錯的辦法，而且能幫助你的不一定是親朋好友，也許現在你需要的是陌生的親密感。

從圖像元素看牌義

牌中的元素	要告訴我們的意義
前進的船	接受改變
平靜的水面	緩慢、沉重
船裡往下插著的六把寶劍	放下的傷害
披著斗篷的兩個人（大人、小孩）	隱藏、療傷
三個低著頭的背影	告別過去、哀傷
撐船的人	給予協助的親友、專家

註：牌中文字於馬賽塔羅是「VI」，於托特塔羅是「Science」（科學）。

「Six of Swords 寶劍 6」塔羅指數

牌的建議

正位★★★☆：過去的就過去了，繼續前進才可以讓自己跳脫憂愁情緒。

逆位★★☆：太過依賴別人，無法解決問題，最終還是需要自己的決斷。

環境狀況

正位★★★：退一步思考問題，才能看到更全面的狀況，獲得清楚的觀點。

逆位★★☆：處理迫在眉睫的危機，又遭遇重重阻礙，需要慢下腳步米好好面對。

關於愛情

正位★★★☆：放下才能讓自己遠離執著，解放心靈後會看得更清楚明白。

逆位★★★：過往的恐懼讓你產生極端想法，敏感讓你自己心情難受。

關於事業

正位★★★：面對變動先別慌亂，改變一下看待事情的角度吧！

逆位★★☆：提案或計畫一直被否決，升遷也不斷受阻礙。

關於財運

正位★★★：雖然有不小的經濟壓力，但隨著時間流逝會慢慢解除困境。

逆位★★☆：面臨沉重的金錢問題，已經嚴重影響到你的生活了！

倒牌逆位的意義

關鍵字
僵局

看到逆位寶劍 6，可想而知，大量的水灌進小船之中；不想聽取別人建議的你總是悶著不說，將會讓悲哀的情緒無盡延伸。

波浪象徵著更多變動與危害，而目前被情緒綁架的你，根本無法進行任何思考，先想辦法讓自己找到出口，宣洩一下，才能看清自己的處境。抽離感情因素的干擾，你會發現其實你還是擁有分析事情的能力，就可以找出解決方案了。

Seven of Swords

———

寶劍 7

詭計

———

　　通常想偷懶的人往往善於找出有效率的做事方法，而這樣的人基本上都十分聰明。選擇不與敵軍正面交鋒的寶劍 7，鬼祟的偷走了五把寶劍，但還有兩把寶劍的敵人就會進攻失敗嗎？這種自欺欺人的手段只是表現出自己的魯莽，白費工夫的算計換來的不見得是成功。抱著願意奮鬥的熱忱，展現出自信，為了想要獲得肯定而努力付出，這樣固然很好，但也可能只是沒有意義的行動，懂得事前檢視、自我評估才是該留意的重點。記住，別把自己置於危險之中！

從圖像元素看牌義

牌中的元素	要告訴我們的意義
躡手躡腳的人	虛假、不真誠
手上抱著的五把寶劍	偷竊、欺騙
紅色的帽子與鞋子	奮力思考行動的執行
東張西望得意的樣子	自信、不退縮
五顏六色的帳篷	人群與社會
正離開的姿態	不合群、孤立

註：牌中文字於馬賽塔羅是「VII」，於托特塔羅是「Futility」（無用）。

牌的建議

正位★★★：為了避免衝突而說謊，只不過是為了減少不安的藉口罷了。

逆位★★：想要完成目標，就快起身搜集資料、運用資源、擊潰弱點。

環境狀況

正位★★★☆：好好研究一下組織上的分配，就可以操控大局，完成計畫。

逆位★☆：鬼鬼祟祟的行為，早就讓大家起疑，對你產生戒心了。

關於愛情

正位★★★☆：左右逢源的感情關係或許很刺激，但只是得到短暫的快樂罷了。

逆位★★：是時候好好審視自己的過往戀情，找到真正想要的愛情模式。

關於事業

正位★★☆：準備不足造成失敗，想要達成目標需要換個計畫來實行看看。

逆位★☆：或許當下不會被別人認同，但表明自己立場和做法還是很重要的。

關於財運

正位★★☆：必須留意投資風險，特別是身邊的朋友或合夥對象。

逆位★★：有機會將借別人的金錢拿回，但可別馬上就花掉囉！

❧ 倒牌逆位的意義 ❧

關鍵字
投機

運用旁門左道取得暫時的上風，可不是每次都能奏效。如果不幸失敗，只會招來「賠了夫人又折兵」的損失罷了！在這個時間點，任何可疑的訊息都請不要相信，因為虛偽的話語已經占據溝通，沒人能確定其真實性，當然就會造成越來越不坦誠的狀態。其實，逆位寶劍 7 就是要告訴我們，不要讓投機心態如同滾雪球一般，而是應該趕緊做出導正。

Eight of Swords

寶劍 8

關鍵字
束縛

　　語言是十分有力量的，當別人說你沒能力，你就真的沒本事了嗎？你就這麼輕易的掉入這個框框裡嗎？還是要掙脫束縛，走出自己的路呢？也許現在的你，周圍就如同寶劍 8 面臨的狀況一樣，身旁插滿的寶劍就像是你遇上的眾多困擾。不知道該如何是好的你，站在原地無法行動，心情也十分低落，但焦慮只會讓你越來越難熬，而忽略了其他的感知，不如像寶劍 8 的主角一樣，雖然眼睛和上身都被束縛，但腳並未被捆綁，其實只要跨出一步，就能得到解脫！

從圖像元素看牌義

牌中的元素	要告訴我們的意義
矇住眼睛的女子	困惑、限制
被綁住的雙手	控制及壓迫
周圍的八把寶劍	障礙、恐懼、畏縮
遠方的城堡	有形的威權、壓力、恫嚇
泥濘的地	混亂不明的狀態
未被束縛的腳	自由的意願

註：牌中文字於馬賽塔羅是「VIII」，於托特塔羅是「Interference」（阻礙）。

「Eight of Swords 寶劍 8」塔羅指數

牌的建議
正位★★☆：感到孤立的你十分脆弱，多是因為自己心理壓力所造成的。

逆位★★★☆：聰明如你，可以靠自己的智慧來應變，打破身邊障礙物。

環境狀況
正位★★☆：因不安、恐懼而不敢輕舉妄動的你，寧可選擇當一個受害者。

逆位★★★：經驗已經為你指引出一條道路，改變制約，移除失敗情緒吧！

關於愛情
正位★★☆：真的甘願被情人不合理的束縛捆綁嗎？是時候改變自己了！

逆位★★★☆：別被宿命的緣分觀念所捆綁，放下束縛才能讓你解脫。

關於事業
正位★★☆：行動受滯，造成累積的想法太多卻毫無頭緒，不知怎麼開始。

逆位★★★☆：一場耐力的考驗，只有透過不斷的努力才能脫離嚴峻的現狀。

關於財運
正位★★☆：盲目的跟隨造成金錢上的損失，該想想是否真的需要。

逆位★★★：慢慢的學會拒絕，經濟狀況就會開始好轉，請約束自我用錢的方式。

倒牌逆位的意義

關鍵字
突破

當周遭慢慢平靜下來之後，你會發現自己的直覺開始變得敏銳，試著打開雙眼，看清現實狀況，就能發掘自我的價值。就如同逆位寶劍 8 一樣，跨出一步，開始行動吧！也許不一定馬上就能獲得成效，但的確已經讓自己往自由輕鬆靠近，移動腳步的過程就是你解開束縛的開端。最壞的狀況已經過去，或許你可以開始做一些自己真正想做的事情了。

Nine of Swords

寶劍 9

　　承受著心智上的煎熬，這種感覺格外難受！如果說憂鬱症是現在困擾著大家的精神疾病，那寶劍 9 只是把這樣的痛苦氛圍具體的呈現出來。無論我們受到了什麼厄運或打擊，擔心受怕的情緒已經演化為恐懼，令人感到絕望。過於擔憂而造成失眠，或是從夢中驚醒而掩面，都是心理壓力已經超過界線的警訊，是不是應該誠實面對心中的恐懼？找到讓自己如此痛苦的原因，面對才能釋放，振作才能拯救，讓自己釋懷才能安然度過！

從圖像元素看牌義

牌中的元素	要告訴我們的意義
牆上的九把寶劍	威脅、恐懼
捂著臉的人	害怕、驚嚇的反應
下方像是刺穿頭、頸、胸的三把寶劍	痛苦、傷害
全黑的背景	無光的世界，精神面的灰暗
床架上的戰爭雕刻	衝突、碰撞
蓋著玫瑰與星座符號的棉被	在保護之中

註：牌中文字於馬賽塔羅是「VIIII」，於托特塔羅是「Curelty」（殘酷）。

❧ 「Nine of Swords 寶劍 9」塔羅指數 ❧

牌的建議

正位★☆：總是不知不覺想到最差的狀況，讓自己的心產生很多精神折磨。

逆位★★：還是會對周遭的人產生懷疑，慢慢試著面對你的恐懼吧！

環境狀況

正位★★：嚴重的憂鬱、過多的沮喪已開始影響到你的生活日常。

逆位★★☆：做些什麼來改變現況吧！或許作用不大，但已經開始釋放。

關於愛情

正位★☆：不好的戀愛經驗，像惡夢般揮之不去，需要透過時間來療傷。

逆位★★：別再想著愛情關係，先為自己挺身而出，告別悔恨與悲情。

關於事業

正位★★：太多的煩惱讓你情緒起伏很大，不斷質疑自我能力不足。

逆位★★☆：走出內疚陰霾，也該學著告別糾纏已久的失敗者情緒了。

關於財運

正位★★：過於擔憂並不能讓經濟狀況好轉，反而加深煩惱。

逆位★★☆：看到金錢的問題點一定會覺得憂心忡忡，卻也能對症下藥。

❧ 倒牌逆位的意義 ❧

關鍵字
清醒

　　人真的有辦法輕鬆的面對自己脆弱的一面嗎？逆位寶劍 9 點出了這個盲點，因為我們都無法正視焦慮與害怕，所以只能用猜忌和懷疑來保護自己，以免受到傷害，卻造成人與人之間的不信任、不溝通。

　　我們越是膽怯就越無法走出黑暗，別讓自己被自己嚇到了。現實往往並沒有想像中那麼悲慘，或許讓自己獲取正確訊息、堅定心神，就能破除煩惱。

Ten of Swords

寶劍 10

痛苦

　　如果說塔羅牌中有令人最感害怕的牌，莫過於這張寶劍 10 了。十把寶劍插在背上的樣子，不僅僅帶來死亡，還透露著極端的痛苦！

　　或許你正面臨人生的黑暗期，甚至懷疑自己怎麼會走到絕境，這恐怖的場景令人不寒而慄，一再警告著我們低潮已經降臨，即將陷入最差的狀況中。但如果就這樣放棄，可能也言之過早。黑暗終結後，不是還有黎明的到來嗎？就算我們失去了肉體，開悟後的靈魂與信念還是能引導我們重生！

從圖像元素看牌義

牌中的元素	要告訴我們的意義
倒地伏臥的人	結束、死亡
身上插著十把寶劍	失敗、慘痛
背後受傷的姿態	突然、無法預料的
披著的紅袍	對生命的熱忱
面向平靜的水面	象徵得到情感解脫
全黑的背景	無光的世界，精神面的灰暗

註：牌中文字於馬賽塔羅是「X」，於托特塔羅是「Ruin」（崩毀）。

❧「Ten of Swords 寶劍 10」塔羅指數 ❧

牌的建議
正位★☆：誇張的自我焦慮，無形之中放大了自己的無力與痛苦。

逆位★★：做好自己能做的事，對於不拿手的事情要學習不去在意。

環境狀況
正位★☆：經歷極端痛苦後迎來結束，走過低潮後發現柳暗花明又一村。

逆位★★☆：能徹底承認自己的失敗，或許可以從挫敗中領悟重生。

關於愛情
正位★☆：一直被迫犧牲，這樣的愛情關係讓你感到精疲力盡。

逆位★★：現在可以放手，這樣才能獲得解放，新的機會即將到來了！

關於事業
正位★☆：被惡意中傷，背叛讓你感到心寒，瞬間喪失所有鬥志。

逆位★★：做出一些必要的犧牲，才能減緩壓力，解決困難。

關於財運
正位★☆：經濟來源一直不穩定，是你心情不佳的最大根源。

逆位★★☆：體會過被錢控制的痛苦，痛定思痛，改變用錢方式吧！

❧ 倒牌逆位的意義 ❧

關鍵字
改善

有時候知道自己已經在最差的低潮，反而能讓自己谷底反彈，找到逆轉勝的曙光！逆位寶劍 10 代表著肉體的結束，但得到靈魂的昇華，擁有沒有限制的未來。

只要你願意拋下過去的負面恐懼，新的轉生機會已經在向你招手，慢慢就能獲得改善，你的心情也會好轉。現在就正視這些痛苦，勇敢一點，試著讓自己從悲慟中走出來！

Page of Swords

寶劍隨從

　　擁有比別人更優秀的理解力的這個年輕人，聰明機敏又觀察入微，十分享受說話與溝通的過程，但或許就是因為太過靈活，反倒變成會使用一些小心機、小手段，來獲取自己想達到的目的。

　　如果寶劍隨從是形容一種狀況，表示最近可能將面對一些衝突，學會察言觀色十分重要，另外要提高警覺，千萬別被批評激怒，設法讓自己保持在理智的狀態之下，才能避免麻煩上身。

從圖像元素看牌義

牌中的元素	要告訴我們的意義
雙手握住寶劍	掌握溝通、運用自如
雙腳離地的站姿	輕佻、不安定、隨便
腳上的紅鞋	強調行動力的重要
只微微隆起的山丘	不穩的基礎
遠方一群飛鳥	很多想法、不確定的訊息
風起雲湧的背景	象徵不安的氛圍

註：牌中文字於馬賽塔羅是「VALET．D'EPEE」，於托特塔羅是「Princess of Swords」（寶劍公主）。

❦ 「Page of Swords 寶劍隨從」塔羅指數 ❧

牌的建議

正位★★★☆：面對資訊快速流動，你其實可以反覆驗證後再下決定。

逆位★★★：虛張聲勢的你，早就被大家看破手腳，一切根本還未就緒。

環境狀況

正位★★★：多觀察，多學習，就能快速找到尚未確定的成長目標。

逆位★★☆：不合邏輯的狀況會讓事情無法順利發展，需要調整或中止。

關於愛情

正位★★★☆：還未定型的關係，需要多觀察彼此對感情的重視程度。

逆位★★★：別只是膚淺的改變，要彌補過錯，得先搞清楚狀況再行動。

關於事業

正位★★★☆：思考判斷力十足的你，只要再搞好人際關係就會成功。

逆位★★★：計畫中的要項尚未準備妥當，請慎重行動，才不會造成誤解。

關於財運

正位★★★☆：能夠留意資訊，創造多方收入，讓你累積到不少財富。

逆位★★☆：容易聽信他人，輕率做出不正確的決定，無法保護自己的金錢。

❦ 倒牌逆位的意義 ❧

關鍵字
虛弱

停下思考，開始行動吧！是逆位寶劍隨從要告訴我們的事。溝通良好與反應敏捷都是優點，但太多的資訊反而會擾亂你的計畫，造成焦慮或產生偏執，到最後什麼都沒執行。

另一方面，喜歡探聽別人八卦隱私，讓大家無法對你真心相待，因此只能獲得表面上的協助，現在應該避免發表過多意見，才不會讓謠言滿天飛。未來，請收起隨便、輕率的心態，振作起來，認真面對！

Knight of Swords

寶劍騎士

關鍵字
衝刺

象徵人物
激進分子

　　雖然擁有熱情,卻充滿破壞力、勇氣十足、無所畏懼、豪放不羈又喜歡挑戰的寶劍騎士,在不知不覺中就會引起爭端,再運用思路敏捷的特質來幫助別人調停、解決問題,但過程中卻硬要別人接受他所堅持的想法,讓人對他產生好勝好辯的印象。

　　如果寶劍騎士是形容一種狀況,表示最近將有緊張的局面出現,請別隨之起舞,小心流言的傷害,凡事多方求證,切勿魯莽行動,避免造成彼此對立。

從圖像元素看牌義

牌中的元素	要告訴我們的意義
拿著寶劍往前的姿態	產生傷害、攻擊
奔馳的馬	展現出衝動、急躁
鞋子的尖角	防禦、破壞
人與馬開著口的樣子	慌張、混亂的情緒
紅色的袍子	行動力、熱情
背景流動的雲、傾斜的樹	迅捷、快速、驟變

註:牌中文字於馬賽塔羅是「CAVALIER‧D'EPEE」,於托特塔羅是「Prince of Swords」(寶劍王子)。

「Knight of Swords 寶劍騎士」塔羅指數

牌的建議
正位★★★：穩住步伐，先多求證再行動，別白白浪費時間與力氣。

逆位★★☆：容易分心害你一事無成，堅定目標往前進，別中途變來變去。

環境狀況
正位★★★☆：你的輕率可能造成失控，別因為自己的不耐煩而誤事。

逆位★★★：雜事太多，讓你無法專注達成一個目標，造成效率不彰。

關於愛情
正位★★★：還沒想清楚要什麼樣的愛情，雖然玩伴很多，但關係不長。

逆位★★☆：衝動過頭的魯莽行為，有時是在防衛心靈上的空虛寂寞。

關於事業
正位★★★★：相信自己的觀點，透過果決的溝通，並運用智慧快速完成任務。

逆位★★★：過於著急而壞事，小心衝過頭而產生意外，造成麻煩與錯誤。

關於財運
正位★★★☆：快人快語的你，容易亂答應，造成自己的金錢計畫卡住，負擔變大。

逆位★★☆：憂心慌張的你，要小心不確定的投資。

倒牌逆位的意義

關鍵字
妨礙

自顧自的往前衝，沒有評估狀況，掉入別人預先設計好的陷阱而不自知。寶劍騎士逆位，代表十分享受衝突，覺得生活就是要經過碰撞才精彩，卻忽略了一次又一次的爭執只會消磨彼此的熱情。在不想被別人小看的心態之下，會用行動來掩飾自己的軟弱，但動作太快往往伴隨行事粗心，只做到表面工夫。請先培養耐心與信心，才不會做出事倍功半的「掉漆」行為。

Queen of Swords

寶劍王后

　　組織能力良好、辯才無礙的寶劍王后，工作表現從不輸人，但有時會過於武裝自己，是因為想把理性與感性達到平衡。她的心智堅定，具有勇於接受挑戰、超越自我的精神，著實讓人敬佩，但老想掌握大局，又頤指氣使的態度，會讓人覺得難以相處。

　　如果寶劍王后是形容一種狀況，表示最近或許會遇上一些困難，請堅定信念，拿出剛強的姿態面對，解決事情才是要項，必須先摒除情感面的干擾，才不會影響你的判斷。

從圖像元素看牌義

牌中的元素	要告訴我們的意義
靜靜注視前方的姿態	沉著、冷漠
手上所帶的飾品	束縛、阻礙
右手所持的寶劍	運用力量斬斷阻礙
遠方的飛鳥	自由的心智、遠離的想法
衣服上的雲朵圖案	情感的思索、回憶的執著
身後堆積的雲	痛苦的經驗、悲傷的累積

註：牌中文字於馬賽塔羅是「REYNE‧D'EPEE」，於托特塔羅是「Queen of Swords」（寶劍王后）。

「Queen of Swords 寶劍王后」塔羅指數

牌的建議
正位★★★：有條有理又沉著冷靜，令人發自內心信服，但也不敢與你親近。

逆位★★☆：你的決定看似理智，但其實還是會受到感情影響。

環境狀況
正位★★★☆：習慣用鋒利的方式來表達自身觀點，會有口角紛爭產生。

逆位★★★：或許你講的道理是正確的，但也要看一下周遭的人是否領情。

關於愛情
正位★★☆：懷恨著過往愛情中的苦痛，雖然害怕孤獨，但決然否認悲傷。

逆位★★：對愛情想得太多，又不願意流露情感，很容易變成壓力來源。

關於事業
正位★★★★：心思細膩的你，能指出事情的重點，但請別以太批判的方式發言。

逆位★★☆：遇上惡意指正，因能力被質疑而覺得委屈，激動情緒難以平復。

關於財運
正位★★★☆：運用智慧追求財富的公平合理，目前經濟狀況不錯。

逆位★★☆：缺乏辨識力，金錢的損失很大，對於受騙的打擊感到失望、難過。

倒牌逆位的意義

關鍵字
無奈

如果大家覺得你難相處，那就這樣吧！心胸狹窄、自我放棄的情緒就是逆位寶劍王后要我們去調整的事。當悲觀感受湧上來的時候，你會喜歡看到大家陷入爭吵的狀況之中。你那溝通無礙、善於操控的特質，會演化成不安好心的惡意攻擊，在其間挑撥離間。說真的，這樣的行為無法為你帶來太多好處，充其量只是得到一個痛快罷了。請再試著良性溝通，總會遇上願意相互付出的人。

King of Swords

———

寶劍國王

　　做出果決的判斷，就是寶劍國王所背負的重要責任。他的經驗老到、思路清晰、行事務實，因為他的沉著冷靜、嚴肅專一，才能更專注於每一個重點。比起運用勞力和體力，還是運用智慧與溝通來生活更適合。

　　如果寶劍國王是形容一種狀況，通常意指突然的破壞與失序，需要馬上進行緊急處理，不然就會造成危機，當然這時要尋求公平公正的處置，盡量減少對人的傷害，且不要造成更多衝突。

從圖像元素看牌義

牌中的元素	要告訴我們的意義
正中央的人	心智的自制、規律
輕鬆坐在王座的姿態	可靠、完整構想
右手所持的寶劍微微傾斜	掌握決定、調整務實思考
藍色衣服上覆蓋紅色的袍子	有智慧的行動力、熱情
遠方的飛鳥	自由的心智、遠離的想法
身後的雲、對稱的樹木	穩定、平衡

註：牌中文字於馬賽塔羅是「ROY‧D'EPEE」，於托特塔羅是「Knight of Swords」（寶劍騎士）。

牌的建議

正位★★★★：發揮思維清晰的特質，以堅定的溝通來捍衛自己的專業信念。

逆位★★☆：固執己見，反而會讓他人對你陽奉陰違喔！

環境狀況

正位★★★☆：一切都在掌握之中，凡事早已經過縝密思考後精準安排。

逆位★★☆：過於嚴格的紀律，可能會產生偏見或有反對的行為發生。

關於愛情

正位★★★：問問自己：真的喜歡這個人嗎？還是因為彼此能夠互補，就覺得可以了？

逆位★☆：極端主義者，戀愛都要完全按照你的規畫發展，難以尋得伴侶。

關於事業

正位★★★☆：凡事早就安排妥當，能避免不必要的麻煩與失敗，獲得成功。

逆位★★☆：做法太過制式、太過硬性而缺乏彈性，不見得能達到預期效果。

關於財運

正位★★★★：擁有專業技能讓你金錢豐厚，但謙遜會讓你增加更多收入喔！

逆位★★★：心智上的混亂，讓你花錢毫無節制，常後悔自己亂買東西。

❧ 倒牌逆位的意義 ❧

關鍵字
擾亂

容易緊張，在不知不覺中就把事情看嚴重了，這會讓你心胸狹隘，對很多事都十分不信任，當然也包括自己的專業。

原先思路清晰明確，突然間一個自私的念頭出現，讓你只想追尋自由，把計畫好的事情拋下，造成混亂。選擇以霸道嚴苛的手段來與大家相處，只會失去大家對你的信賴，並不會讓你覺得好過，現在應該學著放下成見了。

天啓塔羅牌
Revelations Tarot

作者：Zach Wong
發行：Llewellyn

塔羅牌的正、逆位一向都代表著不同的意義。雖然有些人在使用塔羅牌時只解釋整體意涵，但其實一張牌面可以藉由同一個角色的正、逆位清楚傳遞不同的訊息。這副牌的畫面上不僅有彩繪玻璃的味道，也加入了不少科幻元素。

美人魚塔羅牌
Tarot of Mermaids

作者：Mauro De Luca & Pietro Alligo
發行：Lo Scarabeo

美人魚是一種未知的生物，在童話故事中才會出現。這副牌的畫面採用輕柔飄逸的顏色，以溫和舒服的風格繪製，帶我們一窺水中世界的美麗，呈現出一種水底的夢幻仙境。四大元素也用三叉戟、水晶球、船槳、貝殼來替代，相當符合主題。

幻影精靈塔羅牌
Shadowscapes Tarot

作者：羅佩雯（Stephanie Pui-Mun Law）
發行：Llewellyn
（繁體中文版由商周出版）

以水彩呈現的奇幻藝術之作，在童話、神話、民間傳說之中融合了世界各地的多元文化，例如亞洲元素、賽爾特文化等，還有精靈傳說及各種符號象徵，透過生動的故事和唯美的藝術形象，重新詮釋傳統的偉特塔羅牌。

術士塔羅牌
Wizards Tarot

作者：Corrine Kenner & John Blumen
發行：Llewellyn

在這副術士塔羅牌中，有許多星座符號和北歐盧恩符文，帶你穿越時空來到美國著名魔法師萊昂曼德雷克（Mandrake）的學院，在那裡你會穿上神奇學徒的長袍，學習老師們教授你的知識技能。透過這套術士塔羅牌，你能感受魔術的永恆魅力。

七十八扇門塔羅牌
Tarot of the 78 Doors

作者：Antonella Platano
發行：Lo Scarabeo

門，有一個古老的說法，據說可以連接陰陽兩界；換句話說，門就是不同磁場的出入口。我們到底透過門可以看到什麼呢？或許可以發現很多意想不到的路徑，而這也許就是七十八扇門塔羅牌想要表達出來的意涵吧！

日月塔羅牌
Sun and Moon Tarot

作者：Vanessa Decort
發行：U.S. Games

我們生活在太陽與月亮之間，而這段距離間涵蓋了許多領域，包羅萬象，這就是日月塔羅牌主要想傳達的意念。運用色彩鮮豔的插圖探索童話、神話及個人經驗，因受到托特塔羅牌的影響，牌中亦出現占星、榮格心理學、鍊金術符號等。

剪影塔羅牌
Silhouettes Tarot

作者：九月雅（MASA September）
發行：個人創作

作者結合中國傳統剪紙藝術與西方塔羅牌神祕學元素，成就出絕美的心靈世界，帶領著我們去了解自我。雖然是剪影，但運用底色多層次的堆疊，加上黑色剪紙與白色空間的交互運用，讓平面的紙牌充滿趣味，令人想一看再看。

童話世界塔羅牌
The Fairy Tale Tarot

作者：Lisa Hunt
發行：Llewellyn

閱讀童話能幫助我們養成良好品德，克服惡習，並且具有撫慰心靈的效果。每張塔羅牌都有個童話故事，並給予相關意涵的關鍵字，讓解讀更輕鬆容易。這副塔羅牌透過童話幫我們回到童年，重拾信心、想像力和創造力，並賦予你更深層的體會。

軟糖小熊塔羅牌
Gummy Bear Tarot

作者：Dietmar Bittrich
發行：U.S. Games

看到這副可愛的軟糖小熊塔羅牌有沒有喚起一些小時候的回憶呢？這副軟糖小熊塔羅牌的主角，就是我們小時候都吃過的透明軟糖甘貝熊。在塔羅世界裡，這次換他當主角，跟著色彩繽紛的甘貝熊一起解牌，塔羅世界也變得容易親近多了。

神祕精靈塔羅牌
Mystic Faerie Tarot

作者：Barbara Moore & Linda Ravenscroft
發行：Llewellyn

新藝術風格結合花與妖精，在奇幻之中又添加中世紀的浪漫風情。在大牌部分，透過精靈、仙子、美人魚和矮人來完成塔羅牌中角色的指定動作與表演；小牌的部分，則以大自然的素材代表四大元素，把主題發揮得淋漓盡致。

請掃描 QR code 欣賞各式塔羅牌

務實之土──錢幣牌組

錢幣象徵土元素，因為在錢幣上有五芒星的符號，也有人稱之為五芒星牌組。顧名思義，錢幣牌組代表著物質、穩定、面對社會現實及腳踏實地的人生體驗，其負面的意義與保守、失去、精神性匱乏、沒有安全感有關，這些無法掌握的擔憂都在錢幣牌組中呈現出來。

占星學中的土象星座（金牛、魔羯及處女），也都有著良好的經濟觀念，也十分享受物質生活帶來的愉悅。但可別忘了，要做錢的主人，千萬別成為錢的奴隸，若是情緒起伏都只繞著金錢遊戲打轉，就會讓你掉入追求物質欲望的空虛之中。

如果在占卜之中，出現很多錢幣牌組的牌卡，代表金錢運用及經濟狀況就是你首先要留意的問題，因為這些務實面的狀況會跟你未來決定有關，請務必考慮進去。

錢幣牌組	宮廷牌角色	土象星座對應	中世紀階級	季節
錢幣國王	（土）之土	金牛座		
錢幣王后	（土）之水	魔羯座	商人	冬
錢幣騎士	（土）之火	處女座		
錢幣隨從	（土）之風	無		

Ace of Pentacles

錢幣 1

繁榮

　　在一個繁花盛開的莊園之上，雲朵伸出的手穩穩捧著錢幣，代表對金錢運用和無形的自我價值的肯定，或是可以進行與財富相關的計畫。

　　只要我們穩健踏實的去追求，其實夢想就在我們前方觸手可及之處。這麼大的一枚錢幣，想必可以讓我們衣食無虞，甚至享有榮華富貴呢！投資計畫當然也可以在此刻展開，將會為你帶來好運，收穫滿滿。此時愛情和麵包可以同時擁有，但得小心別流於物質的依賴，感情的互動還是很重要的。

從圖像元素看牌義

牌中的元素	要告訴我們的意義
捧住錢幣的手	掌握資源及財富
錢幣上的五角星圖案	人的頭、手、腳，務實本質
延伸的花園	充足、富裕的象徵
前方的白百合	純潔的靈魂
庭園的拱門與小路	與自然的共存、正確的方向
遠方的山丘	精神、心靈上的滿足

註：牌中文字於馬賽塔羅是「I」，於托特塔羅是「Ace of Disks」（圓盤王牌）。

❧「Ace of Pentacles 錢幣 1」塔羅指數 ❧

牌的建議

正位★★★★：正確的決定讓你感到安心踏實，珍惜所擁有的成果吧！

逆位★★★☆：可別因為想要得到更多，反而失去手中原有的致勝籌碼。

環境狀況

正位★★★★☆：穩定的經濟收入讓你可以思考夢想中的計畫。

逆位★★★☆：停頓是在提醒你別用健康去拚，應該找出靈活對策。

關於愛情

正位★★★★：互相重視，讓你們能好好享受愛情的美好，多去玩樂吧！

逆位★★★☆：擔心對方不開心而壓抑情緒，要記得適時抒發一下喔！

關於事業

正位★★★★☆：經過長久而辛勤的耕耘，總算看到成果，而且還有機會更上一層樓。

逆位★★★：缺乏變通，請再三思考實現自我想法的最佳方式。

關於財運

正位★★★★★：意外的收穫不少，讓你原本滿滿的荷包又更豐盛。

逆位★☆：如果就是會亂花錢，那就需要制定支出明細表來控制了。

❧ 倒牌逆位的意義 ❧

關鍵字
失利

即將從手中掉落的錢幣，要花多少力氣才能緊握？如果真的掉落了，那不就造成損失了嗎？錢幣牌組與財富有關，無法握在手裡的錢幣 1 就象徵著金錢的缺乏、不穩的情緒、過度的花費及損失的結果，這些都是逆位錢幣 1 提醒我們要留意的訊息。

總而言之，對於金錢存有錯誤價值觀，就會產生不滿足的心，因而容易被物質表象所迷惑，在看不清現實狀況之下，可能又造成更多的虧損，所以我們必須學習對抗誘惑、克服貪婪，穩紮穩打，才能看到成果慢慢累積下來。

Two of Pentacles

錢幣 2

關鍵字
衡量

　　達成平衡似乎是目前最重要的事了。當兩邊的事物都很有分量，我們只能用充滿樂趣的做法，讓這些事情看起來不這麼困擾，使自己能夠應付得來。因為並非凡事都能放下即止，有些事就是會隨著時間持續轉動著，無法置之不理。就像錢幣 2 的主角，以像是跳舞的方式維持著這一切，設法不讓事情產生衝突、相互干擾。

　　讓自己保持彈性，在人生將會遇到的考驗中從容以對，不是每個人都能擁有這樣的智慧。

從圖像元素看牌義

牌中的元素	要告訴我們的意義
單腳站立的人	難以取得平衡
兩手中的錢幣	所擁有的資源、財富、才華
注視下方錢幣的姿態	即將發生的損失、花費
環繞著錢的無限大符號	能量的運用
紅色的帽子和衣物	象徵行動力
背景後面波動的水流	不穩定的局面

註：牌中文字於馬賽塔羅是「II」，於托特塔羅是「Change」（變化）。

牌的建議

正位★★★☆：應變快速的你，可以同時輕鬆解決諸多事務。

逆位★★★：提醒自己留意、謹慎，可以幫助你克服突發狀況。

環境狀況

正位★★★★：機動性良好的你，無論在什麼環境之中都能輕鬆適應。

逆位★★☆：只賣弄小技巧是不行的，很快就會被大家識破你的把戲。

關於愛情

正位★★★：小心對方是不是不夠真心，談戀愛可不能只是輕鬆曖昧唷！

逆位★★☆：想要偷吃的心蠢蠢欲動，對方已經發現你最近不對勁了。

關於事業

正位★★★☆：靈活的你，協調事務輕鬆自如，表現十分良好。

逆位★★☆：過多的工作量讓你的思考失去平衡，容易小錯不斷。

關於財運

正位★★★☆：讓金錢流通或與人互動交流，都有機會從中獲取利益。

逆位★★☆：玩樂揮霍、錯誤的經濟規畫，讓你面臨周轉不靈的窘境。

❧ 倒牌逆位的意義 ❧

關鍵字
失衡

　　或許現在的你被壓力壓得喘不過氣來，無常又反覆的狀態讓你覺得十分厭煩，諸多問題需要你去解決，就像是被兩股力量拉向不同方向。逆位錢幣 2 要提醒我們的是：面對不穩定的情勢，務必做好自己分內該做的事，暫時保持現狀，等待風雨飄搖的時間點過去，慢慢找回肯定自我的力量，也就能找到減低風險的方法。

Three of Pentacles

錢幣 3

關鍵字
合作

交給專業的來！畢竟我們無法每件事都專精，集合眾人之力，才能發揮相乘的效果。這個世界就是這樣運轉著，正是因為合作才能共同創造很多美好的事物。

大家共享彼此的智慧與技能，相信對方的知識與技術，透過經驗分享，了解彼此專業領域的觀點，互相交流、回饋，也就能在這互動當中開發出未知的潛能。當這些事物結合起來，情感上也能達到圓滿，成就出更完美的未來。

從圖像元素看牌義

牌中的元素	要告訴我們的意義
上方三枚錢幣形成的正三角形	火元素的符號，象徵執行
下方有白花的倒立三角形	水元素的符號，代表感性心靈
右邊拿著藍圖的傳教士、設計師	精神的價值
左邊拿著工具的建築師	專業、思考實際做法
踏在平臺上的樣子	穩固、基礎
三個人討論的姿態	分享共生、合作

註：牌中文字於馬賽塔羅是「III」，於托特塔羅是「Work」（工作）。

牌的建議

正位★★★★：運用專業，分工處裡，團隊合作將會發揮出最大的效果。

逆位★★★：諸多不利的批判、不信任，讓你感覺到被忽視的厭惡感。

環境狀況

正位★★★★：凝聚眾人之力，讓關係更緊密，更了解彼此的看法。

逆位★★★☆：單打獨鬥的成果還是有限，試著多方協力、合作共事。

關於愛情

正位★★★☆：互相支持彼此的信念和價值觀，會讓你們的感情加溫。

逆位★★★：意見不合，讓你們產生很多抱怨與情緒，甚至衍生不滿。

關於事業

正位★★★★☆：相信專業，讓每個人的價值都能發揮，就能相互建設成就。

逆位★★★：思考觀點不同，影響大家工作步調，造成合作失利。

關於財運

正位★★★★：共同全力以赴，換來最直接的金錢回饋，額外加碼機會大。

逆位★★★：因為大家意見太多，無法整合，以致所有人都沒獲得應得的報酬。

※ 倒牌逆位的意義 ※

關鍵字
草率

「德術兼修」是逆位錢幣 3 要提醒大家的，技能和態度一樣重要，結果和過程都能讓你從中有所收穫。或許我們擁有專業，但是經驗不足，使得事情發展不如預期，這時候就必須再次學習，才能擁有更多知識，或是經過更多的訓練，讓自己更為成熟。另一方面，也有可能遇到計畫才剛起步，需要累積更多的實力，未來方能有更大的發展空間。

Four of Pentacles

───

錢幣 4

關鍵字
吝嗇

───

　　大家都知道千萬別讓自己變成金錢的奴隸，但無法否認的是，擁有財富的確能讓自己擁有安全感。有句俗話說：「錢不是萬能，但沒有錢萬萬不能。」一針見血道出了大多數人對金錢的看法。錢幣 4 中的主角謹慎的抱著錢，才不在乎大家對他的看法，他只知道擁有錢就能抵擋外來可能發生的災難與威脅。正因為他對錢財的執著，身後的大城鎮也許就是他的豐碩成果。其實累積金錢，節約花費，不也是一種專注的呈現？

從圖像元素看牌義

牌中的元素	要告訴我們的意義
頭頂皇冠的錢幣	固定的資產、穩定的收入
手中捉緊錢幣的姿態	深怕失去、占有
身穿紅色的袍子與鞋子	象徵行動力
角下踩著的兩枚錢幣	基礎、建立財富
環繞在錢幣的樣子	只在乎錢財、物質
背景一座大城市	熱鬧富裕的環境

註：牌中文字於馬賽塔羅是「IIII」，於托特塔羅是「Power」（能力）。

「Four of Pentacles 錢幣 4」塔羅指數

牌的建議

正位★★★☆：掌握資源可以讓你擁有安全感，但可別變成一種占有欲。

逆位★★☆：與人相處別以價值來衡量，這樣會與人群越來越疏離。

環境狀況

正位★★★☆：對於目前掌控的富足，心中覺得踏實，希望能一直維持現狀。

逆位★★☆：極度保守，太過固執，讓你不想接受改變，缺乏思想的流動。

關於愛情

正位★★★☆：愛情的發展都在你的掌控之中，讓你獲得滿滿的安全感。

逆位★★：過度防備，不好溝通，情人或追求者都無法自然的與你相處。

關於事業

正位★★★☆：自我價值獲得肯定，力量就在你手中，可以去捉住自己想要的。

逆位★★★：面對阻礙，不妨打破制式屏障，冒險一下或許能帶來變化。

關於財運

正位★★★★：將財富金錢保管得很好，正確的儲蓄計畫使你看到錢的增長。

逆位★★★☆：明明經濟條件還不錯，但對於物質欲求不滿，造成財務損失。

倒牌逆位的意義

關鍵字
緊守

你想要的真的是你需要的嗎？當手中掌握了一些事物的時候，確實能為自己增添安全感，特別是錢！當逆位錢幣 4 出現時，表示我們對於金錢的掌握變得困難很多。這當然也可以延伸至一段關係。一般來說，人都害怕失去自己已經擁有的東西，而且越是在乎就越是抓緊，但過於執著只會讓自己失去更多，別忘了還有更多事情值得你去珍惜。

Five of Pentacle

錢幣 5

窮困

　　當我們發生狀況、產生困擾的時候，不免憂愁纏身，總覺得自己是全世界最可憐的人，但真的是這樣嗎？或許不是，但可以確定的是，這個時候我們的心靈是空虛的、精神是匱乏的。不滿的情緒將我們推往更深層的悲苦，反倒使得我們忽視了周遭還是有可以協助我們的人。

　　所謂「患難見真情」，透過問題的發生，你開始了解到金錢、物質不是唯一，能互相扶持的人才能給你精神層面的滿足。相信總有願意支持你的情誼，相信總有人會陪伴著你。

從圖像元素看牌義

牌中的元素	要告訴我們的意義
教堂的彩繪玻璃窗戶	心靈庇護、精神的寄託
玻璃上排列成樹木圖案的五枚錢幣	物資給予
在窗戶外面的兩人	並未獲得支持
低著頭而身穿紅袍的人	雖然悲傷，但仍有行動力
後方使用拐杖的人	艱辛、身體殘疾
全黑的背景	無光的世界，精神面的灰暗

註：牌中文字於馬賽塔羅是「V」，於托特塔羅是「Worry」（憂慮）。

❀ 「Five of Pentacles 錢幣 5」塔羅指數 ❀

牌的建議

正位★★☆：來自不同面向的壓力，讓你缺乏安全感，覺得被遺棄。

逆位★★★：這時雪中送炭的溫暖十分重要，能打破疏遠感，拉近距離。

環境狀況

正位★★：對於失去的恐懼，太過憂慮，以致對周遭事物都產生不信任。

逆位★★★☆：如果想要改變心靈空虛，就要先改變自己對事情的看法。

關於愛情

正位★★：暗示情侶貌合神離，就算仍跟對方在一起，還是覺得心靈孤單。

逆位★★☆：擺脫對愛情的焦慮，才能讓關係慢慢好起來，漸入佳境。

關於事業

正位★★☆：混亂造成匱乏，資源不足讓事情的進展產生不確定性。

逆位★★★☆：恢復工作情緒，找回自我價值，知道自己該怎麼前進。

關於財運

正位★★☆：用錢沒有節制，物質的匱乏感令人感到不安及焦躁。

逆位★★★：限制自己的花費，雖然不會馬上有積蓄，但可以起步逆轉窮困。

❀ 倒牌逆位的意義 ❀

關鍵字
逆轉

逆位錢幣 5 出現時，最明顯的改變就是牆上的玻璃窗變成了一道門，好像在告訴我們，可以走進門來接受幫忙，然後就能停止悲情，收起哀愁，繼續接下來的人生。也許現在你對未來仍然充滿恐懼，但請給自己一些信心，願意做出改變多少能帶來一些契機，唯有將恐懼轉化成積極行動，延續改革，才能讓自己從壞情緒中解放出來。

Six of Pentacles

錢幣 6

慷慨

　　錢幣6告訴我們：「施比受更有福。」生活在無需擔憂經濟狀況的我們，還有給予的能力。因為自己曾經有過經濟困境，現在終於苦盡甘來，知道需要幫助的感覺，因此心生同情，並樂意與人分享，也想多多回饋社會。

　　但在學習慈悲與寬宏之餘，手中拿著的天平也在提醒著：要衡量自己的經濟狀況，做自己能力所及的貢獻，也就是要拿捏好給予的限度，而且不是只有物質的支援，也慷慨的分享經驗，教大家做好金錢管理。

從圖像元素看牌義

牌中的元素	要告訴我們的意義
中間富人發錢的樣子	給予、大方
左手上拿著天平	施與受的平衡
紅色的袍子	行動力、熱情
上方的六枚錢幣	穩定的收入、財富
兩側低姿態的人	願意接受幫助
遠方的高山城堡	頂峰的成就

註：牌中文字於馬賽塔羅是「VI」，於托特塔羅是「Success」（成功）。

「Six of Pentacles 錢幣 6」塔羅指數

牌的建議

正位★★★★：願意分享，而你付出的也能收到相等的回饋與感謝。

逆位★★★☆：或許曾受到卑鄙的對待，對於很多事都顯得欲求不滿。

環境狀況

正位★★★☆：得到認同與關懷，施與受的關係達到平衡狀態。

逆位★★★：所提出的需求被否定，不公平的狀態看來更嚴重了。

關於愛情

正位★★★☆：雖然愛情中沒有完全的平等，但你們找到互相依賴的模式。

逆位★★★：現在需要別人關注的你，相當敏感，心靈空虛，渴望被重視。

關於事業

正位★★★★☆：手上資源很多的你，成為贊助者，分享金錢或能力，會讓你獲得更多。

逆位★★★：工作上被忽視，希望被關注，但要增強自己的能力才能掌握資源。

關於財運

正位★★★★：生意興隆，擁有物質的豐盛，也願意跟大家分享，讓你備受愛戴。

逆位★★★☆：獲利不如預料，雖有小額金錢進帳，但別想要一夜致富，以免造成失利。

倒牌逆位的意義

關鍵字
自私

　　因為內心的不安全感，造成只為自己著想，這是一種不想分享的自私表現。你因為自己的不切實際、過分貪心，再加上沒有看清現實，而蒙受了一些損失，所以目前不想參與任何社交活動，有些自我封閉。逆位錢幣 6 表達出你的現狀，並提醒你千萬別再因為貪婪而掉入陷阱，想一想別人的立場和感受，接觸更多情感面的互動，讓自己再次點燃對生命的熱情。

Seven of Pentacles

錢幣 7

關鍵字
等待

　　耐心是天生的嗎？雖然沒有確實的研究證明，不過我相信耐心是可以訓練的。事實上，有些事真的急不得，必須靠時間的積累才能看到成果。但我們能讓時間跑快一點、等待時間短一點嗎？如果不行，那為什麼要讓自己在這段等待的時光裡過分擔憂呢？不如不要瞎操心，起身去做點讓自己感覺開心的事，搞不好一回頭，這件事情的發展比你預期的還要順利呢！我們的確需要了解有備無患的意義，但沒必要過分杞人憂天，擔心還沒發生的困難，只不過是庸人自擾。

從圖像元素看牌義

牌中的元素	要告訴我們的意義
用鋤頭撐著下巴的人	等待、暫停
注視著前方的作物	觀察、思考
樹叢中的錢幣	收成的果實、豐碩的成果
紅色的服裝	行動力、熱情
地面上的一枚錢幣	象徵已經擁有的財富
錢幣位在人的雙腳邊	準備規畫如何使用

註：牌中文字於馬賽塔羅是「VII」，於托特塔羅是「Failure」（失敗）。

「Seven of Pentacles 錢幣 7」塔羅指數

牌的建議
正位★★★☆：學習訓練你的耐心，觀察事物發生的過程，才能有所獲得。
逆位★★★：過分擔憂失敗的情緒延燒，到最後就真的讓你搞砸了。

環境狀況
正位★★★☆：不妨根據周遭的情況，來預估可能發生的狀況與成果。
逆位★★★：太過擔心，讓你變得十分焦慮，有種無法靜下來的躁動。

關於愛情
正位★★★：太專注於打造理想中的感情，卻忘了互動比較重要。
逆位★★☆：熱臉貼冷屁股，選擇只當好人是得不到愛情回報的。

關於事業
正位★★★☆：等待天時、地利、人合的好時機，事情會逐漸有進展喔！
逆位★★☆：當初的預估太過草率，造成錯誤的行動，讓成果打了折扣。

關於財運
正位★★★☆：先前決定的投資開始獲利了，經過你分析後的明智決定是對的。
逆位★★★：財務規畫千萬別投機，小心落得血本無歸，造成經濟困窘。

倒牌逆位的意義

關鍵字
擔心

當我們面對不確定的未來，都會帶著既期待又怕受傷害的心情，有時難免在等待的過程中失去耐心，甚至有可能連目標都漸漸模糊了。當逆位錢幣 7 出現時，請記得一個重點，那就是：不要瞎操心！別讓自己陷入焦慮和憂鬱的情緒之中，因為缺乏耐心只會影響你的判斷。務實的觀察後設定計畫，就算面臨困難也可以一一克服，更重要的是要把事情看得更長遠。

Eight of Pentacles

錢幣 8

關鍵字
專注

　　能夠專注的重複做一件事，除了需要勤勞的身體力行之外，還需要一顆堅持不放棄的心。人的一生，如果可以做好一件事，就已經很棒了！錢幣 8 的主角反覆雕刻著錢幣，累積的不只是成果，無形之中也讓他的技藝變得更加純熟。而不斷的磨練精進也能讓腦中的想法變成眞實，這樣的過程讓我們知道：只要我們願意，只要確立目標，循序漸進，努力不斷，終有看到成果的一天，終能打造出想像中的未來！

從圖像元素看牌義

牌中的元素	要告訴我們的意義
牆上的一排錢幣	經驗累積的成果
正在雕刻的工匠	享受工作的過程
刻著同樣的錢幣	專業的技能
腳邊也有一枚錢幣	接續的工作、勤奮的展現
遠方的城鎮村莊	家、穩定的關係
通往城鎮村莊的道路	進入社會人群、服務付出

註：牌中文字於馬賽塔羅是「VIII」，於托特塔羅是「Prudence」（謹慎）。

「Eight of Pentacles 錢幣 8」塔羅指數

牌的建議

正位★★★★：生產力良好的你，總是按部就班，終能看到累積的成果。

逆位★★★：缺乏專注力，需要冉用心訓練自己，並審慎以對。

環境狀況

正位★★★★：除了能達成每天的進度外，也能兼顧小細節。

逆位★★★☆：人過輕忽，缺乏事前的準備與完成後的檢查，易產生意外。

關於愛情

正位★★★★：穩重、認真面對愛情的你，可以思考建構家園的藍圖囉！

逆位★★★：麵包與愛情都要努力兼顧，但太重現實層面的你，容易忽略愛情。

關於事業

正位★★★★☆：累積專業技能的你，在工作上可大展身手，不斷成長。

逆位★★☆：別只想走捷徑，這樣偷工減料的想法可能造成徒勞無功！

關於財運

正位★★★★：理財方式正確，慢慢的就可以有一筆十分可觀的財富。

逆位★★★：窮忙的你，總是覺得經濟狀況沒有增長，是時候開始儲蓄了！

倒牌逆位的意義

關鍵字
障礙

尚未學習完成、尚未獲得所需的知識技能，就是逆位錢幣 8 要提醒我們的。不論面對愛情或工作，免不了會有遇到挫敗感的時候。說穿了，是因為你沒有走在對的路上、遇上對的人。現在不應該再浪費時間，欺騙自己目前做的事情是正確的，而是需要思考自己真正想要達到的目標是什麼，按計畫去實現，並多一點堅持，才能戰勝難關！

Nine of Pentacles

錢幣 9

富裕

　　為了工作成就，你可以犧牲掉什麼呢？是愛情、家人，還是朋友？站在莊園之中，將花園打理得十分豐饒的錢幣 9 主角，看起來豐衣足食且擁有能力，為自己創造了美好的生活，在井然有序又穩定管理之下，這樣的富足生活想必也能持續下去。然而，她卻是孤單一人，雖然手上停留著一隻鳥與她互動，但戴著手套顯示出對情感的膽怯，既希望得到陪伴，又選擇保持一些距離。或許現在還是多愛自己一些，反而比較能獲得滿足！

從圖像元素看牌義

牌中的元素	要告訴我們的意義
站在莊園之中的女子	享受成功、與外界存在距離
錢幣與茂盛的葡萄園	收成的喜悅
衣服上的金星符號	期待愛情
左手戴著手套	情感的隔離
戴著頭套停在手上的鳥	失去自由的暫時停留
前方的小蝸牛	堅毅、努力、一步一腳印

註：牌中文字於馬賽塔羅是「VIIII」，於托特塔羅是「Gain」（獲得）。

「Nine of Pentacles 錢幣 9」塔羅指數

牌的建議

正位★★★★☆：輕鬆享受一下努力得來的成就，算是給自己一個獎勵。

逆位★★☆：錯誤的價值觀，讓你覺得擁有財富才能得到安全感。

環境狀況

正位★★★★：身邊的物質豐盛，心情愉悅的你正在享受生活中的美好。

逆位★★★：對於擁有一些成果而感到驕傲自滿，會讓你流失很多友誼與好感。

關於愛情

正位★★☆：習慣獨立自主的你，再多的奢侈品也滿足不了對愛情的渴望。

逆位★★：長久拒絕接觸愛情關係，小心掉入桃色陷阱中受騙上當。

關於事業

正位★★★★：發揮所長將任務完成，除了得到良好成果外，也得到大家的賞識。

逆位★★☆：過度工作，卻沒有看到成果展現，讓你做事隨便、自暴自棄。

關於財運

正位★★★★：金錢收入豐碩，不僅投資獲利，也十分懂得享受生活。

逆位★★☆：愛慕虛榮的你，會想用誇張揮霍的生活來補足心靈上的空虛。

倒牌逆位的意義

關鍵字
缺乏

現在的你，是不是正在尋找生活重心？因為先前過於仰賴他人，讓自己失去對事物的洞察力，對於未來也毫無想法，而且你在成就表象的收穫上花了很多心力，卻忘了留一些時間給自己，以致現在內心感覺到孤獨。總言之，就是缺乏愛！

金錢與物質的成功並沒有想像中的重要，逆位錢幣 9 就是要告訴我們：重新調配生活項目，才能讓你有滿意的收穫。

Ten of Pentacles

錢幣 10

關鍵字
傳承

　　因為過去的努力付出，才有現在的成果，終於可以開始享受舒適生活了。錢幣 10 象徵事業有成，且要開始回歸到家庭層面，雖打造出穩定而滿足的幸福模樣，但似乎太過於著重物質方面，較缺乏人與人之間的精神互動、情感交流。

　　錢幣 10 中的每個主角各自望向不同的方向，看起來像是大家在乎的事物毫無交集，未能發現所擁有的價值。若想將現在的富足延續下去，重要的還是需要成員團結起來，才能開枝散葉。

從圖像元素看牌義

牌中的元素	要告訴我們的意義
十枚錢幣排成的生命之樹	心靈內在的完整
背景的豪宅	物質的豐裕、企業成果
前方坐著的老人與陪伴的狗	舒服、享受生命、回歸本性
椅子上茂盛的葡萄圖案	收成的喜悅
一對年輕男女與小孩	交流、新的活力
老人展望遠方	世代傳承、蓬勃發展

註：牌中文字於馬賽塔羅是「X」，於托特塔羅是「Wealth」（財富）。

牌的建議

正位★★★★☆：一切發展順利而穩定，接下來要思考如何永續經營了。

逆位★★★☆：為了擔負長久以來的責任，不僅被義務給拖累，就連自由也被剝奪了。

環境狀況

正位★★★★：家庭價值中所傳承的團結信念，將會為你帶來財富與成就。

逆位★★★☆：制度上的分配不均，造成組織成員的不滿與爭議。

關於愛情

正位★★★★：你們的愛情已經成為習慣，要試著找回熱情與樂趣喔！

逆位★★★：因重大爭辯而發現價值觀不同，該思考關係是否能繼續下去。

關於事業

正位★★★★★：所有事情都已經到位，狀況都在掌握之中。

逆位★★★：市場大環境產生變化，如果不思改變，就會被時代淘汰。

關於財運

正位★★★★☆：因為在經濟上有家人金援，或有強力後盾，所以不愁吃穿。

逆位★★☆：突然爆發財務危機，讓人招架不住，產生巨額金錢損害。

倒牌逆位的意義

關鍵字
爭吵

因為一個重大的錯誤，引發大家的不滿而產生爭吵，是逆位錢幣 10 要傳達的狀態，特別是金錢上運用失誤，進而造成虧損。

現在面臨經濟混亂的情況，每個人都太重視自己的情緒、放大自己的不滿，嚴重破壞原本就不夠真誠的聯繫，請收起抱怨，因為現在並無一蹴可幾的解決之道，但如果能一同戰戰兢兢的面對，或許能彌補過失，將傷害降到最低。

Page of Pentacles

錢幣隨從

　　大家很喜歡用學徒的身分來形容他，因為開始嘗試新事物，的確需要一些決心與勇氣，而接受規律又穩健踏實的他，能從這樣的過程中發現自我潛能，基礎扎穩後就能漸漸茁壯，未來就能獨當一面了！

　　如果錢幣隨從是形容一種狀況，可能是你的第一筆工作收入，又或許是你展現學習後的成果，這些新的經驗將會令你印象深刻，成為你未來選擇方向的參考，或是想要學習精進的指標。

從圖像元素看牌義

牌中的元素	要告訴我們的意義
雙手捧著錢幣的人	珍惜價值
注視錢幣的樣子	仔細觀察
綠色的外衣覆蓋紅色衣褲	從心出發、謹慎考量
站在綠地上	基礎資源的協助
遠方的大樹	經驗知識累積的務實
黃色的背景	活力、喜悅

　　註：牌中文字於馬賽塔羅是「VALET・DE・DENIERS」，於托特塔羅是「Princess of Disks」（圓盤公主）。

牌的建議

正位★★★★：相信自己的直覺，去學習、傾聽、認知，能帶來新經驗。

逆位★★★☆：最近有記憶上的困擾，且容易不耐煩，不妨凡事做個筆記。

環境狀況

正位★★★★：了解處理問題的新知識、新技巧，都會讓你更有價值喔！

逆位★★★：面對過渡期，或許可以讓自己多練習一些基本功，打好根基。

關於愛情

正位★★★☆：交往時機未到，先讓自己的條件變好吧！

逆位★★★：期待遇到完美情人，但太過吹毛求疵反倒讓你離愛情更遠了。

關於事業

正位★★★☆：每一次遇到狀況或變化都是你的學習機會，克服之後就沒有事能困擾你了。

逆位★★★：陷入拘泥細節的執著之中，過度的工作已讓你忽視健康問題囉！

關於財運

正位★★★★：對於金錢的管理很有一套，會得到額外獎賞與報酬喔！

逆位★★☆：沉迷於快速致富的方式，而不思努力，這樣的想法太不切實際了。

❧ 倒牌逆位的意義 ❧

關鍵字
渙散

太重吃喝玩樂，在學習過程中不夠用心，當然也就不會有良好的成效。探究其根本，是目前的進修方式無法達成你想要的效果，因為無法讓內心感到滿足，轉而向外求取物質上的彌補。建議你好好思考一下，重新找回專心的方法，也許先訂立一個短期目標，或是一位假想敵，透過競爭刺激求勝的渴望，也許在知識、技能精進的同時，也能為你帶來金錢回饋。

Knight of Pentacles

———

錢幣騎士

成熟　　　　**繼承者**

———————————

　　一位早熟的年輕人，比別人更快看透責任的重要，不喜形於色的他，有時會給人一些距離感。因為他已知道認真生活、努力工作、勤奮向上是為了幫未來鋪路，好讓自己輕鬆安享晚年。

　　如果錢幣騎士是形容一種狀況，特別是指向與財務有關的行動，或許是一次投資計畫，或是一個合作機會。若有務實可靠的想法、長遠的眼光，未來必能增加更多財富。

從圖像元素看牌義

牌中的元素	要告訴我們的意義
把錢幣捧向前方	追求、計畫、目標
往前直視的樣子	堅信、力量的展現
人、馬頭頂上的綠葉	安定、成就務實
紅棕色的耕地	付諸行動的耕耘、生產
站穩的黑馬	象徵穩定及謹慎
黃色的背景	活力、喜悅

註：牌中文字於馬賽塔羅是「CAVALIER‧DE‧DENIERS」，於托特塔羅是「Prince of Disks」（圓盤王子）。

✲「Knight of Pentacles 錢幣騎士」塔羅指數 ✲

牌的建議
正位★★★★：運用你的知識去展現你的成就，體現穩固的豐碩成果。

逆位★★★：疲勞會使你煩躁，或許可以用運動來調解身心，回復活力。

環境狀況
正位★★★★：事情都按計畫穩定的進行，成果也如預期呈現。

逆位★★★☆：沒有持續力，缺乏主動，這樣會浪費不少精神資源喔！

關於愛情
正位★★★★：十分有責任感，對於愛情也很忠心，但就是有些固執、無趣。

逆位★★☆：要找到價值觀相同的人並不容易，多相處才有機會發現。

關於事業
正位★★★★：在工作中全神貫注的你，讓人覺得你很可靠，而你確實也穩定有成。

逆位★★★：總覺得棘手麻煩的工作都交給你，但這也是對你能力的肯定。

關於財運
正位★★★★☆：穩紮穩打的默默累積財富，相信現在已經有一筆不小的收入。

逆位★★☆：在金錢運用方面缺少變通，都要等到真的產生損失，才會有所覺悟。

✲ 倒牌逆位的意義 ✲

關鍵字
遲緩

覺得自己沒有喘息空間嗎？不明白爲什麼要扛下這麼多責任，而這些都是你該盡的義務嗎？目前有些憤世嫉俗的情緒產生，看什麼都覺得十分不滿，也不想努力工作，但又想要干涉他人。

說眞的，就連自己都搞不清楚自己該做什麼吧？無精打采只會讓我們越來越懶惰，失去處事能力，先休息一下，破解無聊，讓自己找回元氣，以開闊的心胸打破自我限制。

Queen of Pentacles

錢幣王后

　　錢幣王后是一位務實又溫柔的女性,除了情感面的關懷之外,也能給予物質面的實際幫助。重視品味,生活安穩,熱愛自己的生活,雖然擁有錢財,卻非嗜財如命。象徵富有生產力的她,對於管理組織及延續企業都很有一套!

　　如果錢幣王后是形容一種狀況,表示目前你所做的事情相當值得,會為你的未來帶來舒適的生活,能成就你的技能,讓你更上一層樓,也能有不少的財富進帳,請好好把握喔!

從圖像元素看牌義

牌中的元素	要告訴我們的意義
身處豐饒大地	衣食無慮、富裕
雙手捧著錢幣的姿態	珍惜價值、信任務實
低頭思考的樣子	平靜思考、綜觀
頭頂上的紅玫瑰拱門	熱情、自然
前方的小兔子	感性、多產的生命力
黃色的背景	活力、喜悅

註:牌中文字於馬賽塔羅是「REYNE‧DE‧DENIERS」,於托特塔羅是「Queen of Disks」錢幣王后。

❧ 「Queen of Pentacles 錢幣王后」塔羅指數 ❧

牌的建議
正位★★★★：謹守本分的你，讓人感覺安心，是一個強而有力的後盾。

逆位★★☆：只是熱中追求別人的讚美，並非真心助人解決困難。

環境狀況
正位★★★★：擁有敏銳觀察力的你，在困難發生時總是知道如何善後補救。

逆位★★☆：想給大家關心與協助，但用錯方法，因而無法讓人領情接受。

關於愛情
正位★★★★：對愛情富有責任感，會用溫和堅毅的方式保護這段情。

逆位★★★：明明發現不適合，卻執著於安定，不想改變，一味忍受。

關於事業
正位★★★★：了解自己該扮演的角色，不強出頭的將分內的事達成。

逆位★★☆：過度干涉的管理方式，讓所有人做起事來都綁手綁腳。

關於財運
正位★★★★：能精準分析投資訊息，又有敏銳的直覺，讓你獲利穩定又豐富。

逆位★★☆：財務上發生困難，引起你最近對金錢的強烈占有欲。

❧ 倒牌逆位的意義 ❧

關鍵字
懷疑

可能因為遭受工作上的挫敗，或是在金錢上被欺騙，漸漸變得喜歡掌控金錢、自私、愛計較，因為唯有如此才能減少自己的焦躁不安。

目前的你疑心病很重，放不下曾獲得的成就與物質，也不願意跟大家分享心情，更別談事業上的合作。如此一來，只會讓彼此關係更惡化，導致親友遠去，形成孤軍奮戰的局面。試著暫時離開現在的環境，多與自然事物接觸，都有助於恢復平衡。

King of Pentacles

———

錢幣國王

　　因為錢幣國王的規律和穩定，為自己累積了很多的財富，辛勤工作之後，也會好好犒賞自己，懂得享受生活，不吝惜分享，也樂中社交，追求個人價值的提升。生活安穩、不缺錢又喜歡賺錢的他，手腕靈活，但也講求務實。

　　如果錢幣國王是形容一種狀況，表示了解自我目標、遇上困難會更努力的你，只要腳踏實地、持之以恆，就能獲得成功，並漸漸體會穩定與安心會為你贏得更多的金錢回饋。

從圖像元素看牌義

牌中的元素	要告訴我們的意義
輕鬆扶著錢幣的姿態	操控自如
錢幣與茂盛的葡萄園	收成的喜悅
衣服上鋪滿葡萄圖案	財富的延續、享受
王座上的牛頭圖騰	象徵務實、穩定
黃色的背景	活力、喜悅
身後距離不遠的城堡	繁榮、成就、統御

註：牌中文字於馬賽塔羅是「ROY‧DE‧DENIERS」，於托特塔羅是「Knight of Disks」（圓盤騎士）。

「King of Pentacles 錢幣國王」塔羅指數

牌的建議
正位★★★★☆：慢工出細活，就能呈現穩定的品質，成果也能一直延續。
逆位★★★：因為自己很有毅力且能吃苦，便嚴以待人，未免太固執了。

環境狀況
正位★★★★：嚴肅盡責，將周遭的事物都安排妥當，擁有踏實的安全感。
逆位★★★☆：你總是一成不變，但太過規律會有點無趣，缺乏自在。

關於愛情
正位★★★★☆：彼此都在尋找穩定交往的對象，符合條件就可以考慮成家。
逆位★★☆：以物質來彌補對愛的不安全感，企圖從中尋求慰藉。

關於事業
正位★★★★：堅定意念，穩健發展，將會受到很多人給你支援與鼓勵。
逆位★★☆：曾經成功，總覺得自己的方法才是最好的，沒有溝通的空間。

關於財運
正位★★★★：崇尚高品味的你，會盡力讓經濟條件滿足你的享樂需求。
逆位★★★：過分浮誇鋪張，除了造成金錢的浪費，也無法感到開心。

倒牌逆位的意義

關鍵字
腐化

突然間想對自己好一點，不只勤於追求物質，更喜歡誇大鋪張，但奢華浪費會慢慢讓你的經濟出現問題。在這個時候，控制欲越強就越容易變得貪婪，為了守住自己的金錢與利益，成為不知變通、一毛不拔的守財奴，甚至可能會不惜犧牲他人。逆位錢幣國王要提醒我們，自己才是錢的主人，千萬別淪為金錢奴隸！

鬼魅塔羅牌
Gothic Tarot

作者：Joseph Vargo
發行：個人創作

牌中充滿了吸血鬼、異形、狼人、巫婆、幽靈鬼魂，就連天使也彌漫著詭異的氛圍。在黑色的牌面中，角色們都發著淡淡的光暈，有一股說不出的神祕感，幽暗的世界被這些薄光所照亮，展現了不同世界的美！

死亡塔羅牌
Deck of the Dead Tarot

作者：Seven Stars
發行：個人創作

以單色線條精細表現，讓我們感受到生與死的奧祕。面對死亡，每個人都有不同的情緒反應，而人物與骷髏的互動，象徵著世事無常，也提醒著我們要把握住人生的每一刻好時光，才能避免將來的悔恨和遺憾。

魔偶月亮塔羅牌
Deviant Moon Tarot

作者：Patrick Valenza
發行：U.S. Games

月亮般的臉，瞪大的眼睛，有著像鳥一樣的腳與拉長的身軀，服裝、衣飾、鞋子、帽子都很詭異，襯著單調不變的建築與骯髒的天空，黑暗墓地與扭曲變形的墓碑，營造出黑色幽默風格，但不失塔羅牌裡的元素及象徵。

華麗吸血鬼塔羅牌
The Tarot of Vampyres

作者：Ian Daniels
發行：Llewellyn

吸血鬼傳說根植於黑暗和誘惑，是一種精神上的飢渴，飲血時刻其實是永恆的、神聖的。盤踞的蛇，眼睛似火，荊棘纏繞在血紅色的玫瑰莖上，蒼白如大理石般的皮膚閃閃發光，讓華麗吸血鬼塔羅牌透露出鬼魅風格，精緻細膩的畫風，把人物的動作、表情詮釋得栩栩如生，值得收藏。

亡者之書塔羅牌
Necronomicon Tarot

作者：Anne Stokes & Donald Tyson
發行：Llewellyn

《亡者之書》是記載黑魔法與黑暗神話故事的一部經典，它不是一本咒文書，據推測應該是記載歷史，也就是「記錄已消逝事物的書」；另外還有一種根據希臘文書名推導出來的意思是「有關於死亡世界風俗的書」。

萬聖節塔羅牌
Halloween Tarot

作者：Kipling West
發行：U.S. Games

牌中出現黑貓、蝙蝠，還有一些想像中的怪物，像是狼人、吸血鬼等，雖然鬼魅卻沒有可怕的感覺，就像在萬聖節小孩們會扮演起鬼怪，到處要糖吃，這套塔羅運用起來也很輕鬆有趣喔！

波西米亞鬼魅塔羅牌
Bohemian Gothic Tarot

作者：Alex Ukolov & Karen Mahony
發行：Magic Realist Press

一張張像極了寫真明信片的牌卡，以鬼怪為主要創作元素，加上光影變化上的處理，讓這整套牌組瀰漫著詭異的氣息。你會發現，可怕與恐怖不見得非得見血，這樣的氛圍才真的令人毛骨悚然，⼩時提醒我們死亡的存在。

骷髏之舞塔羅牌
Tarot of the Dead

作者：Monica Knighton
發行：Llewellyn

骷髏不見得恐怖，也可以跳出繽紛的生命之舞！就如同墨西哥亡靈節一樣，可以很繽紛歡樂。在這套牌裡運用相當戲謔的手法，讓骷髏頭看起來沒那麼嚇人，並傳達了不要過於嚴肅看待死亡的概念。

殭屍塔羅牌
Zombie Tarot

作者：Paul Kepple
發行：Quirk Books

殭屍塔羅牌裡的這些牌卡揭示了前進的道路，你應該留在避難所，最後耗盡所有的生存工具？或是逃到一個政府資助的難民營？在殭屍塔羅牌裡，假設真有病毒侵襲人類，你該如何運用塔羅傾聽自己的直覺，在生與死的衝突中找到生存之道。

鬼屋塔羅牌
Tarot of Haunted House

作者：Sasha Graham & Mirco Pierfederici
發行：Lo Scarabeo

卡片中暗示著令人半信半疑的開端，當你翻牌時，你正和愚者一起待在一個神祕的鬼屋之中，透過一張張牌卡的指引，可以解開一道道上了鎖的門窗，進而揭開豪宅的真面目。透過既浪漫又令人不寒而慄的故事，逐步發現愚者被遺忘的起源祕密。

請掃描 QR code 欣賞各式塔羅牌

FUTURE 32

塔羅事典 塔羅牌使用說明書，
翻一張牌為自己找到問題出口！

作　　　者／孟小靖

責任編輯／何若文　　　　　　　　版　　　權／邱珮云、翁靜如、黃淑敏
特約編輯／潘玉芳　　　　　　　　行銷業務／張嫚茜、黃崇華
美術設計／林家琪

總 編 輯／何宜珍
總 經 理／彭之琬
發 行 人／何飛鵬
法律顧問／元禾法律事務所 王子文律師
出　　　版／商周出版
　　　　　　台北市南港區昆陽街 16 號 4 樓
　　　　　　電話：(02) 2500-7008　傳真：(02) 2500-7759
　　　　　　E-mail：bwp.service@cite.com.tw
　　　　　　Blog：http://bwp25007008.pixnet.net./blog
發　　　行／英屬蓋曼群島商家庭傳媒股份有限公司城邦分公司
　　　　　　台北市南港區昆陽街 16 號 5 樓
　　　　　　書虫客服專線：(02)2500-7718、(02) 2500-7719
　　　　　　服務時間：週一至週五上午 09:30-12:00；下午 13:30-17:00
　　　　　　24 小時傳真專線：(02) 2500-1990；(02) 2500-1991
　　　　　　劃撥帳號：19863813　戶名：書虫股份有限公司
　　　　　　讀者服務信箱：service@readingclub.com.tw
　　　　　　城邦讀書花園：www.cite.com.tw
香港發行所／城邦（香港）出版集團有限公司
　　　　　　香港灣仔駱克道 193 號超商業中心 1 樓
　　　　　　電話：(852) 25086231 傳真：(852) 25789337
　　　　　　E-mailL：hkcite@biznetvigator.com
　　　　　　馬新發行所／城邦（馬新）出版集團【Cité (M) Sdn. Bhd】
　　　　　　41, Jalan Radin Anum, Bandar Baru Sri Petaling,
　　　　　　57000 Kuala Lumpur, Malaysia.
　　　　　　電話：(603)90578822　傳真：(603)90576622　E-mail：cite@cite.com.my

城邦讀書花園
www.cite.com.tw

封面設計／COPY
印　　　刷／卡樂彩色製版印刷有限公司
經 銷 商／聯合發行股份有限公司　電話：(02)2917-8022　傳真：(02)2911-0053

■ 2019 年（民 108）02 月 14 日初版
■ 2024 年（民 113）05 月 07 日初版 8 刷
定價 380 元

ISBN 978-986-477-578-1
Printed in Taiwan

國家圖書館出版品預行編目（CIP）資料

塔羅事典：塔羅牌使用說明書，翻一張牌為自己找到問題出口！／孟小靖著．-- 初版．-- 臺北市：商周出版：家庭傳媒城邦分公司發行，民 108.01　288 面；17*23 公分．--
（Future；32）ISBN 978-986-477-578-1（平裝）1. 占卜
292.96

107020363

FUTURE

FUTURE

FUTURE

FUTURE